MIRNA DEL ROSARIO

Philippinen

· KOCHBUCH ·

Alle Ratschläge in diesem Buch wurden vom Autor und vom Verlag sorgfältig erwogen und geprüft. Eine Garantie kann dennoch nicht übernommen werden. Eine Haftung des Autors beziehungsweise des Verlags für jegliche Personen-, Sach- und Vermögensschäden ist daher ausgeschlossen.

Email: info@edition-lunerion.de
www.edition-lunerion.de

Psiana eCom UG
Berumer Str. 44
26844 Jemgum

Vorwort

Die Philippinen gelten hierzulande noch als Urlaubs-Geheimtipp und das gilt auch für die Landesküche. Doch unter den Foodies der Welt ist es längst kein Geheimnis mehr, dass sich auf den Inseln zahlreiche kulinarische Schätze heben lassen, und mit diesem Kochbuch begeben Sie sich ganz einfach auf Entdeckungstour!

Die Philippinen zeichnen sich durch ausgeprägte landschaftliche Vielfalt aus und das spiegelt sich in der Küche wider: Kokospalmenreichtum im Süden, Fisch und Meeresfrüchte an der Küste, Traditionen indigener Bewohner und dazu internationale Einflüsse aus Malaysia, China, Spanien, Indonesien und USA – all das zusammen ergibt abwechslungsreiche Rezepte, die in sich jeweils ganz besondere Aromen verbinden. Ob saure Siningang-Suppe oder in Essig, Sojasauce und Knoblauch mariniertes Adobo-Fleisch, in diesem Buch entdecken Sie eine Riesenauswahl an authentisch-philippinischen Gerichten für jeden Geschmack und können sowohl für Fleisch- und Fischfans als auch für Veggies geschmackvoll auftischen. Vom Frühstück über Suppen, Snacks und Salate bis hin zu Hauptgerichten aller Art finden Sie Inspirationen für jeden Anlass und beim philippinischen Dessertreichtum kommen auch Süßschnäbel nicht zu kurz.

Guten Appetit!

INHALT

Die Aromen der philippinischen Küche

Die philippinische Küche zeichnet sich durch eine reiche Geschichte und vielfältige Einflüsse aus, die sich über Jahrhunderte hinweg entwickelt haben. Sie entstand aus der Verschmelzung der kulinarischen Traditionen der indigenen Bevölkerung mit den Gepflogenheiten der Händler, Eroberer und Kolonisten, die die Inseln besuchten oder sich dort niederließen. Die malaysischen, chinesischen und indonesischen Einflüsse brachten Gewürze und Kochtechniken, während die Spanier während ihrer über 300-jährigen Kolonialherrschaft die philippinische Küche mit ihren eigenen Zutaten und Gerichten bereicherten. Später trugen auch die Amerikaner zur Weiterentwicklung der philippinischen Esskultur bei, indem sie neue Zutaten und die Vorliebe für süße Speisen einbrachten. Diese historischen Begegnungen haben eine Küche hervorgebracht, die für ihre Vielseitigkeit und ihre Fähigkeit bekannt ist, fremde Elemente harmonisch zu integrieren.

In den verschiedenen Regionen der Philippinen hat sich aufgrund der unterschiedlichen geografischen Bedingungen und der Verfügbarkeit spezifischer Zutaten eine bemerkenswerte Vielfalt an Gerichten und Geschmacksprofilen entwickelt. Im nördlichen Teil der Insel Luzon findet man beispielsweise das berühmte Gericht „Adobo", das Fleisch oder Gemüse in einer Mischung aus Essig, Sojasoße und Knoblauch mariniert und langsam gart. In der zentralen Region Visayas wiederum ist die „Sinigang", eine saure Suppe, die mit Tamarinde, Tomaten und unterschiedlichem Gemüse zubereitet wird, besonders beliebt.

GRUNDLAGEN DER PHILIPPINISCHEN KÜCHE

Die Grundlage der philippinischen Küche bilden eine Vielzahl von Zutaten und Gewürzen, die den Gerichten ihre unverwechselbaren Aromen verleihen. Zu den unverzichtbaren Bestandteilen gehören Reis, der in fast jeder Mahlzeit präsent ist, und Kokosmilch, die vielen Gerichten eine cremige Textur und einen reichen Geschmack verleiht. Ein weiteres charakteristisches Element ist der „Calamansi", eine kleine, saure Zitrusfrucht, die als Säuregeber dient und vielen Speisen eine frische, zitronige Note hinzufügt. Sojasoße und Fischsoße sind ebenfalls grundlegende Zutaten, die für Salzigkeit sorgen, während der Einsatz von Knoblauch und Zwiebeln als aromatische Grundlage für zahlreiche Gerichte dient. Darüber hinaus spielen grüne Papayas, Bittermelone und Taro-Blätter eine wichtige Rolle in der philippinischen Küche, indem sie Gerichten Textur und spezifische Geschmacksnoten verleihen. Diese Vielfalt an Zutaten ermöglicht es Ihnen, authentische philippinische Gerichte zu kreieren, die reich an Geschmack und Aroma sind.

Die philippinische Küche ist für ihre einfache, aber wirkungsvolle Art der Zubereitung bekannt. Eine typische Methode ist das „Adobo", bei dem Fleisch, Fisch oder Gemüse in einer Marinade aus Essig, Sojasoße, Knoblauch und Lorbeerblättern gekocht wird. Diese Technik konserviert nicht nur das Essen, sondern verleiht ihm auch einen tiefen, komplexen Geschmack. Das „Sinigang", eine saure Suppe, demonstriert die Vorliebe für saure Geschmacksrichtungen, indem Tamarindensaft oder andere saure Früchte verwendet werden, um dem Gericht eine erfrischende Säure zu verleihen. Darüber hinaus ist das Grillen ein beliebtes Verfahren, bei dem vor allem Fisch und Meeresfrüchte über offener Flamme gegrillt werden, was ihnen ein rauchiges Aroma verleiht. Diese Techniken zeugen von der Fähigkeit der philippinischen Küche, mit einfachen Mitteln außergewöhnliche Geschmackserlebnisse zu schaffen.

EINKAUFSFÜHRER FÜR PHILIPPINISCHE ZUTATEN

Wo einkaufen:

- Asiatische oder spezialisierte Lebensmittelgeschäfte

Essenzielle Zutaten:

- Calamansi: Essenzielle Zitrusfrucht
- Bagoong: Fermentierte Fisch- oder Garnelenpaste
- Tamarinde oder Sinigang-Mix: Für die Zubereitung von Sinigang

Alternativen für schwer auffindbare Zutaten:

- Calamansi: Mischung aus Zitronen- und Limettensaft
- Banana Ketchup: Kombination aus herkömmlichem Ketchup und Bananenextrakt

Unverzichtbare Utensilien:

- Kawali (Wok): Für das Anbraten und Schmoren
- Almires (Mörser und Stößel): Zum Zerstoßen von Gewürzen
- Großer, schwerer Topf: Für gleichmäßige Hitzeverteilung bei Gerichten wie Sinigang oder Adobo
- Reiskocher: Vereinfacht die Zubereitung von Reis

Empfohlene Küchengeräte:

- Mixer oder Stabmixer: Für die Zubereitung von Gata (Kokosmilch) oder das Pürieren von Calamansi-Saft
- Grillpfanne: Wichtig für Gerichte mit Grillkomponente, z. B. Inihaw na Bangus (gegrillter Milchfisch)

Frühstück

SINANGAG AT ITLOG |
KNOBLAUCHREIS MIT SPIEGELEI

4 Port. 25 Min. Leicht

Zutaten

400 g gekochter Reis, vorzugsweise vom Vortag
4 große Eier
4 Knoblauchzehen, fein gehackt
4 EL Pflanzenöl
Salz nach Geschmack
Frisch gemahlener schwarzer Pfeffer

Optional:
Frühlingszwiebeln, gehackt, zur Garnierung

Nährwerte p. P.

320 kcal
45 g Kohlenhydrate
10 g Fett
9 g Eiweiß

1 Erhitzen Sie 2 EL Pflanzenöl in einer großen Pfanne oder einem Wok auf mittlerer Stufe. Geben Sie den gehackten Knoblauch hinzu und braten Sie ihn unter ständigem Rühren an, bis er goldbraun und aromatisch ist. Achten Sie darauf, dass der Knoblauch nicht verbrennt.

2 Fügen Sie den gekochten Reis hinzu. Erhöhen Sie die Hitze auf mittelhoch und braten Sie den Reis unter häufigem Rühren etwa 5 Minuten lang, bis er heiß ist und der Knoblauch gleichmäßig verteilt ist. Mit Salz und Pfeffer abschmecken. Verteilen Sie den Knoblauchreis gleichmäßig auf vier Teller und halten Sie ihn warm.

3 In einer separaten Pfanne das restliche Öl auf mittlerer Stufe erhitzen. Schlagen Sie die Eier vorsichtig auf und geben Sie sie in die Pfanne, wobei Sie darauf achten sollten, dass der Dotter intakt bleibt. Braten Sie die Eier nach Wunsch, empfohlen wird jedoch, sie so zu braten, dass der Dotter noch leicht flüssig ist. Salzen und pfeffern Sie jedes Ei während des Bratens.

4 Legen Sie auf jeden Teller je ein Spiegelei auf den Knoblauchreis. Optional können Sie das Gericht mit gehackten Frühlingszwiebeln garnieren.

TAPSILOG |

MARINIERTES RINDFLEISCH MIT KNOBLAUCHREIS UND SPIEGELEI

 4 Port.

 45 Min.

 Mittel

Zutaten

500 g Rinderlende, in dünne Scheiben geschnitten
4 große Eier
400 g gekochter Reis, vorzugsweise vom Vortag
6 Knoblauchzehen, fein gehackt (3 für die Marinade, 3 für den Reis)
4 EL brauner Zucker (2 EL für die Marinade, 2 EL zum Braten des Fleisches)
3 EL Pflanzenöl (1 EL zum Braten des Fleisches, 2 EL zum Braten der Eier und des Reises)
100 ml Sojasoße (für die Marinade)
1 EL Limettensaft (für die Marinade)
1 TL gemahlener schwarzer Pfeffer (für die Marinade)
Salz und frisch gemahlener schwarzer Pfeffer nach Geschmack

1 Vermischen Sie für die Marinade 100 ml Sojasoße, 2 EL braunen Zucker, 1 EL Limettensaft, drei gehackte Knoblauchzehen und 1 TL gemahlenen schwarzen Pfeffer in einer Schüssel.

2 Geben Sie die Rinderlendenscheiben in die Marinade und stellen Sie sicher, dass jedes Stück gut bedeckt ist. Abdecken und für mindestens 2 Stunden im Kühlschrank marinieren lassen, optimalerweise über Nacht.

3 Erhitzen Sie 1 EL Pflanzenöl in einer Pfanne auf mittlerer bis hoher Stufe. Nehmen Sie das marinierte Rindfleisch aus der Marinade und braten Sie es, bis es auf beiden Seiten gebräunt und durchgegart ist, etwa 2 bis 3 Minuten pro Seite. Das gebratene Rindfleisch beiseitelegen.

4 In derselben Pfanne fügen Sie die restlichen drei Knoblauchzehen hinzu und braten Sie sie, bis sie goldbraun sind.

5 Geben Sie den gekochten Reis hinzu und braten Sie ihn unter Rühren etwa 5 Minuten lang, bis der Knoblauch gleichmäßig verteilt ist und der Reis erhitzt wurde. Mit Salz und Pfeffer würzen und den Knoblauchreis auf Teller verteilen.

6 In einer separaten Pfanne das übrige Öl erhitzen und die Eier als Spiegeleier braten, leicht mit Salz und Pfeffer würzen.

Optional:
gehackte Frühlingszwiebeln zur Garnierung

Marinade für das Rindfleisch (Zutaten aus der Hauptliste verwenden):
100 ml Sojasoße
3 Knoblauchzehen, fein gehackt
2 EL brauner Zucker
1 EL Limettensaft
1 TL gemahlener schwarzer Pfeffer

Nährwerte p. P.

420 kcal
46 g Kohlenhydrate
14 g Fett
25 g Eiweiß

7 Arrangieren Sie auf jedem Teller eine Portion Knoblauchreis, legen Sie das marinierte Rindfleisch daneben und setzen Sie ein Spiegelei darauf. Nach Belieben mit gehackten Frühlingszwiebeln garnieren.

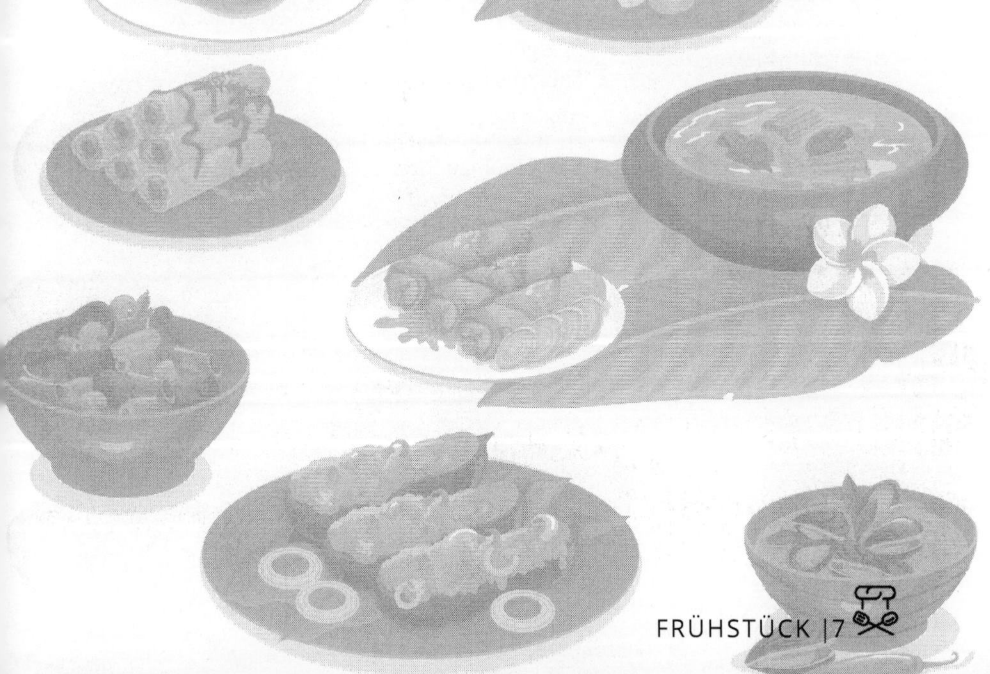

LONGSILOG |

PHILIPPINISCHE WÜRSTCHEN MIT KNOBLAUCHREIS UND SPIEGELEI

4 Port.

30 Min.

Leicht

Zutaten

8 Longganisa-Würstchen (philippinische Würstchen)
4 große Eier
400 g gekochter Reis, idealerweise vom Vortag
5 Knoblauchzehen, fein gehackt
3 EL Pflanzenöl
Salz und frisch gemahlener schwarzer Pfeffer

Optional:
gehackte Frühlingszwiebeln zum Garnieren

Nährwerte p. P.

390 kcal
42 g Kohlenhydrate
18 g Fett
17 g Eiweiß

1 Erhitzen Sie 1 EL Pflanzenöl in einer Pfanne auf mittlerer Stufe. Braten Sie die Longganisa-Würstchen rundherum, bis sie gleichmäßig gebräunt und durchgegart sind, was etwa 10 bis 12 Minuten dauert. Nehmen Sie die Würstchen aus der Pfanne und halten Sie sie warm.

2 Braten Sie im selben Öl den fein gehackten Knoblauch an, bis er goldbraun ist. Fügen Sie den gekochten Reis hinzu, erhöhen Sie die Hitze und braten Sie alles zusammen für ungefähr 5 Minuten, bis der Reis heiß und der Knoblauch gleichmäßig verteilt ist. Schmecken Sie mit Salz und Pfeffer ab. Verteilen Sie den Knoblauchreis auf die Teller.

3 Erhitzen Sie das restliche Öl in einer anderen Pfanne und braten Sie die Eier zu Spiegeleiern. Geben Sie bei jedem Ei 1 Prise Salz und Pfeffer dazu.

4 Servieren Sie auf jedem Teller eine Portion Knoblauchreis, legen Sie zwei der gebratenen Longganisa-Würstchen daneben und setzen Sie ein Spiegelei darauf. Bestreuen Sie das Gericht optional mit gehackten Frühlingszwiebeln.

TOCILOG |

KARAMELLISIERTES SCHWEINEFLEISCH MIT KNOBLAUCHREIS UND SPIEGELEI

4 Port.

40 Min.

Mittel

Zutaten

400 g Schweinefleisch, in dünne Scheiben geschnitten
4 große Eier
400 g gekochter Reis, idealerweise vom Vortag
6 Knoblauchzehen, fein gehackt (1 Knoblauchzehe für die Marinade, 5 für den Reis)
4 EL Sojasoße (3 EL für die Marinade, 1 EL zum Anbraten des Fleisches)
2 EL Essig (1 EL für die Marinade, 1 EL zum Anbraten des Fleisches)
4 EL brauner Zucker (2 EL für die Marinade, 2 EL zum Anbraten des Fleisches)
2 EL Pflanzenöl
Salz und frisch gemahlener schwarzer Pfeffer

1 Für die Marinade 3 EL Sojasoße, 2 EL braunen Zucker, 1 EL Essig, eine gehackte Knoblauchzehe und eine Prise schwarzen Pfeffer in einer Schüssel gut vermischen. Die Schweinefleischscheiben hinzufügen und sicherstellen, dass jedes Stück gut von der Marinade bedeckt ist. Abdecken und für mindestens 1 Stunde im Kühlschrank marinieren lassen, idealerweise über Nacht.

2 Erhitzen Sie 1 EL Pflanzenöl in einer Pfanne auf mittlerer bis hoher Stufe. Nehmen Sie das marinierte Schweinefleisch aus der Marinade, fügen Sie 1 EL Sojasoße und 1 EL Essig hinzu und braten Sie das Fleisch, bis es karamellisiert ist, etwa 3 bis 4 Minuten pro Seite. Entfernen Sie das Fleisch aus der Pfanne und halten Sie es warm.

3 Geben Sie in derselben Pfanne den restlichen Knoblauch hinzu und braten Sie ihn, bis er goldbraun und aromatisch ist. Fügen Sie den gekochten Reis und 2 EL braunen Zucker hinzu, erhöhen Sie die Hitze und braten Sie den Reis unter Rühren, bis er heiß und der Knoblauch gleichmäßig verteilt ist. Mit Salz und Pfeffer würzen.

4 Braten Sie in einer anderen Pfanne die Eier als Spiegeleier in etwas Öl, wobei jedes Ei leicht mit Salz und Pfeffer gewürzt wird.

Marinade für das Schweinefleisch:
3 EL Sojasoße
2 EL brauner Zucker
1 EL Essig
1 Knoblauchzehe, fein gehackt
Frisch gemahlener schwarzer Pfeffer

Nährwerte p. P.

450 kcal
48 g Kohlenhydrate
20 g Fett
22 g Eiweiß

5 Arrangieren Sie den Knoblauchreis auf den Tellern, legen Sie das karamellisierte Schweinefleisch daneben und platzieren Sie ein Spiegelei obenauf. Optional können Sie das Gericht mit gehackten Frühlingszwiebeln garnieren.

PANDESAL |

WEICHES UND LEICHT SÜẞLICHES PHILIPPINISCHES BRÖTCHEN

12 Port.

2,5 Std.

Mittel

Zutaten

500 g Mehl
250 ml lauwarme Milch
50 g Zucker
1 Päckchen Trockenhefe (7 g)
1 TL Salz
2 EL weiche Butter
1 Ei
100 ml warmes Wasser
Extra Mehl für die Arbeitsfläche
Semmelbrösel zum Bestreuen

Nährwerte p. P.

220 kcal
40 g Kohlenhydrate
3 g Fett
6 g Eiweiß

1 Heizen Sie den Backofen auf 180 °C (Ober-/Unterhitze) vor.

2 Lösen Sie die Trockenhefe und den Zucker in 100 ml warmem Wasser auf und lassen Sie die Mischung etwa 5 Minuten stehen, bis sie schäumt.

3 In einer großen Schüssel das Mehl mit dem Salz vermischen. Die Hefemischung, die lauwarme Milch, das Ei und die weiche Butter hinzufügen. Alles zu einem glatten Teig verkneten. Wenn der Teig zu klebrig ist, fügen Sie ein wenig Mehl hinzu, bis er geschmeidig ist.

4 Den Teig auf einer leicht bemehlten Arbeitsfläche etwa 10 Minuten lang kneten, bis er elastisch ist. Formen Sie eine Kugel und legen Sie diese in eine leicht geölte Schüssel. Bedecken Sie die Schüssel mit einem sauberen Tuch und lassen Sie den Teig an einem warmen Ort etwa 1 Stunde gehen, bis er sich in seiner Größe verdoppelt hat.

5 Teilen Sie den aufgegangenen Teig in 12 gleich große Stücke und formen Sie diese zu Kugeln. Rollen Sie jede Kugel in Semmelbröseln und setzen Sie die Teigstücke auf ein mit Backpapier ausgelegtes Backblech. Lassen Sie zwischen den Brötchen genügend Platz zum Aufgehen.

6 Bedecken Sie die Brötchen erneut mit einem Tuch und lassen Sie sie etwa 30 Minuten gehen, bis sie sich sichtbar vergrößert haben.

7 Backen Sie die Pandesal-Brötchen im vorgeheizten Backofen für etwa 20 Minuten oder bis sie goldbraun sind.

8 Nehmen Sie die Brötchen aus dem Ofen und lassen Sie sie auf einem Gitter abkühlen. Pandesal schmeckt frisch und warm besonders gut, serviert mit Butter oder Käse.

ARROZ CALDO |

WÜRZIGER HÜHNERREISBREI

4 Port.

1 Std.

Leicht

Zutaten

200 g Jasminreis
1 Liter Hühnerbrühe
2 Hähnchenbrustfilets, in Stücke geschnitten
1 Zwiebel, fein gewürfelt
4 Knoblauchzehen, fein gehackt
1 Ingwerstück (ca. 2 cm), fein gehackt
3 EL Fischsoße
2 EL Pflanzenöl
Frühlingszwiebeln, in Ringe geschnitten, zur Garnierung
1 Zitrone, in Spalten geschnitten, zum Servieren
Salz und frisch gemahlener schwarzer Pfeffer

Nährwerte p. P.

310 kcal
45 g Kohlenhydrate
7 g Fett
18 g Eiweiß

1 Erhitzen Sie das Pflanzenöl in einem großen Topf bei mittlerer Hitze. Fügen Sie Zwiebel, Knoblauch und Ingwer hinzu und sautieren Sie diese, bis sie weich und aromatisch sind.

2 Geben Sie die Hähnchenbruststücke in den Topf und braten Sie sie leicht an, bis sie auf allen Seiten weiß werden. Rühren Sie die Fischsoße unter und lassen Sie alles kurz zusammen köcheln.

3 Streuen Sie den Jasminreis ein und rühren Sie um, sodass der Reis gleichmäßig im Topf verteilt ist. Gießen Sie die Hühnerbrühe dazu und bringen Sie die Mischung zum Kochen. Reduzieren Sie dann die Hitze und lassen Sie den Arroz Caldo unter gelegentlichem Rühren etwa 30 bis 40 Minuten köcheln, bis der Reis weich ist und der Brei eine dickflüssige Konsistenz erreicht hat.

4 Schmecken Sie den Arroz Caldo mit Salz und Pfeffer ab. Servieren Sie den Hühnerreisbrei heiß in Schalen und garnieren Sie jede Portion mit Frühlingszwiebelringen. Reichen Sie Zitronenspalten dazu, sodass jeder nach Geschmack den Arroz Caldo säuern kann.

CHAMPORADO | SCHOKOLADENREISBREI

4 Port. 45 Min. Leicht

Zutaten

1 Tasse Klebreis
4 Tassen Wasser
100 g dunkle Schokolade, grob gehackt
½ Tasse brauner Zucker
1 TL Vanilleextrakt
1 Prise Salz
Getrockneter Salzfisch, optional zum Servieren

Nährwerte p. P.

290 kcal
60 g Kohlenhydrate
3 g Fett
6 g Eiweiß

1 Geben Sie den Klebreis und das Wasser in einen großen Topf und bringen Sie die Mischung zum Kochen. Reduzieren Sie die Hitze auf eine niedrige Stufe, sodass der Reis sanft köchelt. Rühren Sie den Reis gelegentlich um und lassen Sie ihn etwa 18 bis 20 Minuten garen, bis er fast weich ist.

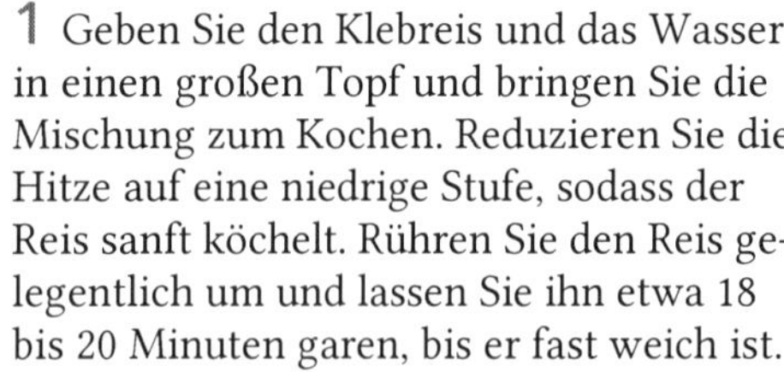

2 Rühren Sie die grob gehackte dunkle Schokolade, den braunen Zucker und 1 Prise Salz unter. Kochen Sie weiter, bis die Schokolade vollständig geschmolzen ist und der Champorado eine dickflüssige Konsistenz erreicht hat, was etwa 10 Minuten dauern sollte.

3 Nehmen Sie den Topf vom Herd und rühren Sie den Vanilleextrakt unter. Schmecken Sie den Champorado ab und fügen Sie bei Bedarf mehr Zucker oder Salz hinzu, um die gewünschte Süße bzw. Würze zu erreichen.

4 Servieren Sie den Champorado heiß in Schüsseln. Traditionell wird dieser Schokoladenreisbrei mit getrocknetem Salzfisch gereicht, der einen interessanten Kontrast zum süßen Champorado bildet.

Salate

ENSALADANG MANGGA |

GRÜNER MANGOSALAT

 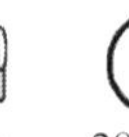  

4 Port. 20 Min. Leicht

Zutaten

2 große grüne Mangos, geschält und in Streifen geschnitten
1 kleine rote Zwiebel, fein gehackt
2 Tomaten, entkernt und gewürfelt
¼ Tasse weißer Essig
1 EL Zucker
½ TL Salz
¼ TL frisch gemahlener schwarzer Pfeffer

Optional:
gehackter Koriander

Nährwerte p. P.

120 kcal
30 g Kohlenhydrate
0 g Fett
1 g Eiweiß

1 Schälen Sie die grünen Mangos und schneiden Sie das Fruchtfleisch in dünne Streifen. Kombinieren Sie in einer großen Schüssel die Mangostreifen mit der fein gehackten roten Zwiebel und den gewürfelten Tomaten.

2 Mischen Sie in einer kleinen Schüssel weißen Essig, Zucker, Salz und frisch gemahlenen schwarzen Pfeffer. Rühren Sie so lange, bis Zucker und Salz sich aufgelöst haben.

3 Gießen Sie das Essigdressing über die Mango-Zwiebel-Tomaten-Mischung. Vermengen Sie alle Zutaten vorsichtig, bis sie gleichmäßig mit dem Dressing überzogen sind.

4 Lassen Sie den Salat vor dem Servieren etwa 10 Minuten bei Zimmertemperatur ziehen, damit die Aromen sich voll entfalten können.

5 Servieren Sie den Ensaladang Mangga in einer Servierschüssel, optional garniert mit gehacktem Koriander.

ENSALADANG TALONG |

AUBERGINENSALAT

4 Port.

30 Min.

Leicht

Zutaten

4 mittelgroße Auberginen
2 Tomaten, in Würfel geschnitten
1 kleine rote Zwiebel, fein gehackt
2 EL weißer Essig
1 EL Sojasoße
½ TL Zucker
Salz und frisch gemahlener schwarzer Pfeffer nach Geschmack

Optional:
Frühlingszwiebeln, gehackt

Nährwerte p. P.

90 kcal
13 g Kohlenhydrate
4 g Fett
2 g Eiweiß

1 Halten Sie jede Aubergine mit einer Grillzange direkt über eine offene Flamme auf dem Herd oder legen Sie sie auf ein Backblech unter den Grill im Ofen. Rösten Sie die Auberginen, bis die Haut rundherum schwarz und die Aubergine insgesamt weich ist. Dies dauert etwa 3 bis 5 Minuten pro Seite. Achten Sie darauf, die Auberginen regelmäßig zu drehen, damit sie gleichmäßig garen und die Haut überall schwarz wird.

2 Nachdem die Auberginen geröstet sind, lassen Sie sie einige Minuten abkühlen, bis sie handwarm sind. Anschließend ziehen Sie die schwarze Haut vorsichtig ab. Es ist normal, dass die Haut sich leicht ablöst und das Innere weich bleibt.

3 Öffnen Sie die Auberginen vorsichtig längs mit einem Messer und breiten Sie sie leicht auf einer Platte aus, sodass das weiche Innere sichtbar wird. Für das Dressing verrühren Sie in einer kleinen Schüssel den weißen Essig, die Sojasoße, den Zucker, Salz und Pfeffer, bis der Zucker und das Salz sich vollständig aufgelöst haben.

4 Verteilen Sie die Tomatenwürfel und die fein gehackte rote Zwiebel gleichmäßig über die aufgefächerten Auberginen. Geben Sie das Dressing über den Salat und mischen Sie alles behutsam, damit sich die Aromen gut verbinden.

5 Optional können Sie den fertigen Salat mit gehackten Frühlingszwiebeln bestreuen.

ENSALADANG KAMATIS AT ITLOG NA MAALAT |

TOMATEN-SALAT MIT GESALZENEM EI

 4 Port.

 15 Min.

 Leicht

Zutaten

4 große reife Tomaten, in Scheiben geschnitten
4 gesalzene Eier, geschält und in Scheiben geschnitten oder grob gehackt
1 kleine rote Zwiebel, in dünne Scheiben geschnitten
2 EL natives Olivenöl extra
Frisch gemahlener schwarzer Pfeffer nach Geschmack

Nährwerte p. P.

150 kcal
5 g Kohlenhydrate
11 g Fett
8 g Eiweiß

1 Arrangieren Sie die in Scheiben geschnittenen Tomaten und die gesalzenen Eier auf einer Servierplatte. Verteilen Sie die dünn geschnittenen roten Zwiebeln gleichmäßig darüber.

2 Beträufeln Sie den Salat mit dem nativen Olivenöl extra und würzen Sie ihn nach Geschmack mit frisch gemahlenem schwarzen Pfeffer.

3 Vermischen Sie die Zutaten vorsichtig direkt auf der Servierplatte, um die Aromen zu vereinen, ohne dabei die Tomaten oder Eier zu sehr zu zerdrücken.

KINILAW NA ISDA |

PHILIPPINISCHER CEVICHE AUS ROHEM FISCH

4 Port.

35 Min.

Leicht

Zutaten

400 g frischer Thunfisch (oder ein anderer festfleischiger Weißfisch), in Würfel geschnitten
½ Tasse Weißweinessig
Saft von 2 Limetten
1 kleine rote Zwiebel, fein gehackt
2 grüne Chilis, entkernt und fein gehackt
½ Gurke, entkernt und gewürfelt
1 kleiner Ingwer, fein gehackt
Salz nach Geschmack
Frisch gemahlener schwarzer Pfeffer nach Geschmack

Optional:
gehackte Frühlingszwiebeln und Koriander

Nährwerte p. P.

180 kcal
3 g Kohlenhydrate
7 g Fett
27 g Eiweiß

1 Mischen Sie in einer mittelgroßen Schüssel den Weißweinessig, Limettensaft, fein gehackte rote Zwiebel, grüne Chilis, gewürfelte Gurke und fein gehackten Ingwer. Würzen Sie die Marinade mit Salz und frisch gemahlenem schwarzen Pfeffer.

2 Fügen Sie die Thunfischwürfel zur Marinade hinzu und stellen Sie sicher, dass alle Stücke vollständig mit der Flüssigkeit bedeckt sind. Lassen Sie den Fisch in der Marinade im Kühlschrank etwa 15 Minuten ziehen, damit die Aromen gut einziehen können und der Fisch durch die Säure „gegart" wird.

3 Holen Sie die Schüssel aus dem Kühlschrank und überprüfen Sie den Geschmack. Passen Sie bei Bedarf die Würzung mit zusätzlichem Salz oder Pfeffer an.

4 Servieren Sie den Kinilaw na Isda in einer Schüssel und garnieren Sie ihn optional mit gehackten Frühlingszwiebeln und Koriander für zusätzliche Farbe und Geschmack.

ATCHARANG PAPAYA |

EINGELEGTER PAPAYASALAT

6 Port.

1 Std. 20 Min.

Leicht

Zutaten

1 mittelgroße grüne Papaya, geschält, entkernt und in dünne Streifen geschnitten
2 Karotten, geschält und in dünne Streifen geschnitten
1 kleine rote Zwiebel, in dünne Ringe geschnitten
2 rote Chilischoten, entkernt und in Ringe geschnitten
1 Knoblauchzehe, fein gehackt
½ Tasse Weißweinessig
¼ Tasse Zucker
½ TL Salz
¼ Tasse Wasser

Optional:
Senfkörner oder Fenchelsamen für zusätzliches Aroma

Nährwerte p. P.

70 kcal
17 g Kohlenhydrate
0 g Fett
1 g Eiweiß

1 Kombinieren Sie in einem großen hitzebeständigen Behälter die grüne Papaya, Karotten, rote Zwiebel und rote Chilischoten.

2 In einem kleinen Topf bringen Sie Weißweinessig, Zucker, Salz und Wasser zum Kochen. Rühren Sie stetig, bis der Zucker und das Salz sich vollständig aufgelöst haben. Fügen Sie den fein gehackten Knoblauch hinzu und optional Senfkörner oder Fenchelsamen für ein zusätzliches Aroma. Lassen Sie die Mischung 2 bis 3 Minuten leicht köcheln.

3 Gießen Sie die heiße Essig-Zucker-Mischung vorsichtig über die vorbereiteten Papaya- und Karottenstreifen. Stellen Sie sicher, dass das Gemüse vollständig von der Flüssigkeit bedeckt ist.

4 Lassen Sie den Salat abkühlen, bevor Sie ihn abdecken und für mindestens 1 Stunde im Kühlschrank ziehen lassen, damit die Aromen sich gut verbinden.

LATO SALAD |

SEETRAUBEN-SALAT

4 Port.

15 Min.

Leicht

Zutaten

2 Tassen frische Lato (Seetrauben), gründlich gewaschen
1 mittelgroße Tomate, in Würfel geschnitten
1 kleine rote Zwiebel, fein gehackt
Saft von 2 Limetten
1 EL Weißweinessig
Salz und frisch gemahlener schwarzer Pfeffer nach Geschmack

Optional:
gehackte Chilis für zusätzliche Schärfe

Nährwerte p. P.

45 kcal
6 g Kohlenhydrate
0 g Fett
3 g Eiweiß

1 Arrangieren Sie die gründlich gewaschenen Lato (Seetrauben) in einer Servierschüssel. Verteilen Sie die gewürfelten Tomaten und die fein gehackte rote Zwiebel gleichmäßig darüber.

2 In einer kleinen Schüssel kombinieren Sie den Limettensaft und Weißweinessig. Würzen Sie die Mischung mit Salz und frisch gemahlenem schwarzen Pfeffer nach Ihrem Geschmack. Fügen Sie optional gehackte Chilis hinzu, um dem Salat eine pikante Note zu verleihen.

3 Gießen Sie das Dressing über die Lato-Mischung und vermengen Sie alle Zutaten behutsam. Achten Sie darauf, die zarten Seetrauben nicht zu beschädigen.

4 Lassen Sie den Salat vor dem Servieren einige Minuten ziehen, damit sich die Aromen entfalten können.

Suppen

SINIGANG NA BABOY |

SAURE SUPPE MIT SCHWEINEFLEISCH

4 Port.

1 Std. 20 Min.

Leicht

Zutaten

500 g Schweinefleisch, in Würfel geschnitten
2 Liter Wasser
1 Päckchen Sinigang-Mix (Tamarindenbasis) oder der Saft von 2 Tamarinden
2 Tomaten, geviertelt
1 große Zwiebel, geviertelt
2 grüne Chilischoten
1 Bund Kangkong (Wasserspinat), Blätter und zarte Stiele
1 daumengroßes Stück Ingwer, in Scheiben geschnitten
6 Okraschoten, halbiert
1 Rettich, in Scheiben geschnitten
2 Auberginen, in Scheiben geschnitten
Salz nach Geschmack

Nährwerte p. P.

250 kcal
15 g Kohlenhydrate
12 g Fett
22 g Eiweiß

1 Gießen Sie das Wasser in einen großen Topf und bringen Sie es zum Kochen. Fügen Sie die Schweinefleischwürfel hinzu und lassen Sie sie etwa 30 Minuten bei mittlerer Hitze köcheln, bis das Fleisch weich wird.

2 Geben Sie Ingwer, Zwiebeln und Tomaten in den Topf. Lassen Sie die Zutaten 5 Minuten köcheln, bis sie weich werden.

3 Streuen Sie den Sinigang-Mix ein oder geben Sie den Tamarindensaft hinzu, um die Suppe sauer zu machen. Rühren Sie die Suppe gut um und schmecken Sie sie ab. Fügen Sie die grünen Chilischoten hinzu und lassen Sie die Suppe weitere 10 Minuten köcheln.

4 Geben Sie die Rettichscheiben hinzu und kochen Sie sie 5 Minuten, bevor Sie Okraschoten, Auberginenscheiben und zum Schluss den Kangkong hinzufügen. Lassen Sie das Gemüse nur so lange kochen, bis es gar, aber noch knackig ist, etwa 5 Minuten.

5 Schmecken Sie die Suppe mit Salz ab und passen Sie die Säure nach Ihrem Geschmack an.

TINOLANG MANOK |

HÜHNERSUPPE MIT PAPAYA UND INGWER

4 Port.

1 Std.

Leicht

Zutaten

500 g Hühnerstücke (Brust oder Schenkel)
1 Liter Wasser
1 mittelgroße grüne Papaya, geschält und in Stücke geschnitten
1 Bund Sili-Blätter (Pfefferblätter) oder Spinat als Ersatz
1 daumengroßes Stück Ingwer, in Streifen geschnitten
3 Knoblauchzehen, fein gehackt
1 große Zwiebel, gehackt
2 EL Pflanzenöl
Salz und frisch gemahlener schwarzer Pfeffer nach Geschmack

Nährwerte p. P.

210 kcal
10 g Kohlenhydrate
6 g Fett
30 g Eiweiß

1 Erhitzen Sie das Pflanzenöl in einem großen Topf bei mittlerer Hitze. Fügen Sie den gehackten Knoblauch, die Zwiebel und den Ingwer hinzu. Sautieren Sie die Zutaten, bis die Zwiebel glasig ist und der Knoblauch und Ingwer ihr Aroma entfalten.

2 Geben Sie die Hühnerstücke in den Topf. Braten Sie das Huhn von allen Seiten an, bis es leicht gebräunt ist.

3 Gießen Sie das Wasser über das Huhn und erhöhen Sie die Hitze, um die Mischung zum Kochen zu bringen. Reduzieren Sie anschließend die Hitze, decken Sie den Topf ab und lassen Sie das Huhn etwa 30 Minuten köcheln, bis es fast gar ist.

4 Fügen Sie die grüne Papaya dem Topf hinzu und kochen Sie sie, bis sie weich ist, was etwa 10 bis 15 Minuten dauert.

5 Kurz vor dem Servieren geben Sie die Sili-Blätter oder den Spinat hinzu und kochen die Suppe noch 2 bis 3 Minuten weiter, bis die Blätter welk sind.

6 Schmecken Sie die Suppe mit Salz und Pfeffer ab und passen Sie die Würze nach Ihrem Geschmack an.

NILAGANG BAKA |

RINDFLEISCHSUPPE MIT GEMÜSE

4 Port.

2 Std. 30 Min.

Mittel

Zutaten

500 g Rindfleisch mit Knochen (z. B. Beinscheibe)
2 Liter Wasser
2 Kartoffeln, geschält und geviertelt
2 Karotten, geschält und in große Stücke geschnitten
1 Bund Bok Choy oder junger Spinat, grob gehackt
1 große Zwiebel, geviertelt
1 TL Pfefferkörner
Salz nach Geschmack

Nährwerte p. P.

275 kcal
9 g Kohlenhydrate
10 g Fett
38 g Eiweiß

1 Geben Sie das Rindfleisch in einen großen Topf und füllen Sie ihn mit dem Wasser. Bringen Sie das Wasser bei hoher Hitze zum Kochen. Sobald es kocht, reduzieren Sie die Hitze auf mittlere Stufe. Entfernen Sie den Schaum, der sich an der Oberfläche bildet, mit einem Löffel.

2 Fügen Sie die geviertelte Zwiebel und die Pfefferkörner hinzu. Lassen Sie das Rindfleisch bei niedriger bis mittlerer Hitze etwa 1,5 bis 2 Stunden köcheln, bis es zart ist. Achten Sie darauf, gelegentlich den Schaum zu entfernen.

3 Geben Sie die Kartoffeln und Karotten in den Topf und kochen Sie sie, bis sie weich sind, was etwa 20 bis 30 Minuten dauern sollte.

4 Kurz vor dem Servieren fügen Sie den Bok Choy oder jungen Spinat hinzu und lassen ihn in der heißen Brühe 2 bis 3 Minuten garen, bis er gerade welk geworden ist.

5 Probieren Sie die Suppe und würzen Sie sie bei Bedarf mit Salz, um den Geschmack individuell zu verfeinern.

BULALO |

RINDERMARKKNOCHENSUPPE

4 Port.

3 Std.

Mittel

Zutaten

1 kg Rindermarkknochen
1 kg Rindfleisch (z. B. Schenkel), in große Stücke geschnitten
2 Liter Wasser
2 große Kartoffeln, geschält und geviertelt
1 Bund chinesischer Kohl, in große Stücke geschnitten
2 Maiskolben, halbiert
1 große Zwiebel, geviertelt
3 Knoblauchzehen, angedrückt
Salz und frisch gemahlener schwarzer Pfeffer

Optional:
Frühlingszwiebeln, gehackt

Nährwerte p. P.

330 kcal
10 g Kohlenhydrate
20 g Fett
32 g Eiweiß

1 Füllen Sie einen großen Topf mit dem Wasser und fügen Sie die Rindermarkknochen sowie das Rindfleisch hinzu. Bringen Sie das Wasser zum Kochen und lassen Sie es anschließend bei schwacher Hitze unter gelegentlichem Abschöpfen des Schaums etwa 2 Stunden köcheln, bis das Fleisch sehr zart ist.

2 Geben Sie die Zwiebel und die angedrückten Knoblauchzehen in den Topf. Lassen Sie die Zutaten mitköcheln, sodass sich die Aromen entfalten können.

3 Fügen Sie die Kartoffeln und die Maiskolben hinzu und kochen Sie diese, bis sie weich sind, was etwa 20 bis 30 Minuten dauert.

4 Kurz bevor die Suppe fertig ist, den chinesischen Kohl hinzugeben und nur so lange köcheln lassen, bis er gerade weich geworden ist, etwa 5 Minuten.

5 Verfeinern Sie die Suppe mit Salz und schwarzem Pfeffer. Kosten Sie die Brühe und stellen Sie die Würze nach Ihrem persönlichen Geschmack ein.

6 Servieren Sie die Bulalo-Suppe in großen Schüsseln und bestreuen Sie sie optional mit gehackten Frühlingszwiebeln.

SINIGANG NA HIPON |
SAURE SUPPE MIT GARNELEN

 4 Port.  45 Min.   Leicht

Zutaten

500 g Garnelen, geschält und entdarmt
2 Liter Wasser
1 Päckchen Sinigang-Mix (Tamarindenbasis)
2 Tomaten, geviertelt
1 große Zwiebel, geviertelt
2 grüne Chilischoten
1 daumengroßes Stück Ingwer, in Scheiben geschnitten
1 Bund Kangkong (Wasserspinat), nur die Blätter
6 Okraschoten, halbiert
1 Rettich, in Scheiben geschnitten
Salz nach Geschmack

Nährwerte p. P.

200 kcal
9 g Kohlenhydrate
3 g Fett
30 g Eiweiß

1 Gießen Sie das Wasser in einen großen Topf und erhitzen Sie es, bis es kocht. Fügen Sie den Ingwer, die Zwiebeln, die Tomaten und die grünen Chilischoten hinzu. Lassen Sie alles 5 Minuten köcheln.

2 Streuen Sie den Sinigang-Mix ein und rühren Sie um, bis er sich aufgelöst hat. Geben Sie die Rettichscheiben und die Okraschoten in den Topf. Lassen Sie die Suppe weitere 10 Minuten köcheln.

3 Nun die Garnelen hinzufügen und kochen, bis sie rosa und gar sind, was etwa 5 Minuten dauert.

4 In den letzten Minuten der Garzeit fügen Sie den Kangkong (Wasserspinat) hinzu und lassen ihn in der Suppe welken.

5 Probieren Sie die Suppe und fügen Sie nach Bedarf Salz hinzu, um die gewünschte Geschmacksintensität zu erreichen.

LA PAZ BATCHOY |

NUDELSUPPE MIT SCHWEINEFLEISCH UND LEBER

 4 Port.

 1,5 Std.

 Mittel

Zutaten

200 g dünne Eiernudeln
500 g Schweineknochen
300 g Schweinefleisch, in dünne Scheiben geschnitten
200 g Schweineleber, in dünne Scheiben geschnitten
1,5 Liter Wasser
1 große Zwiebel, halbiert
4 Knoblauchzehen, fein gehackt
30 ml Fischsoße
1 TL Pfefferkörner
2 Frühlingszwiebeln, gehackt
4 hart gekochte Eier, halbiert
Salz nach Geschmack

Optional:
gerösteter Knoblauch und Chiliflocken

Nährwerte p. P.

360 kcal
32 g Kohlenhydrate
14 g Fett
28 g Eiweiß

1 Erhitzen Sie in einem großen Topf 1,5 Liter Wasser, geben Sie die Schweineknochen, die halbierte Zwiebel und die Pfefferkörner hinzu und bringen Sie alles zum Kochen. Reduzieren Sie die Hitze und lassen Sie die Brühe etwa 1 Stunde köcheln, damit sich die Aromen entfalten können. Entnehmen Sie zwischendurch mit einem Löffel den Schaum, der sich bildet.

2 In einer separaten Pfanne etwas Öl erhitzen und den fein gehackten Knoblauch darin anbraten, bis er goldbraun und aromatisch ist. Fügen Sie das Schweinefleisch und die Leber hinzu und braten Sie beides, bis es durchgegart ist. Stellen Sie beides anschließend beiseite.

3 Kochen Sie die Eiernudeln gemäß den Anweisungen auf der Verpackung, spülen Sie sie ab und verteilen Sie sie auf vier Schüsseln. Filtern Sie die Brühe durch ein Sieb und erhitzen Sie sie erneut. Schmecken Sie sie mit Fischsoße und Salz ab.

4 Fügen Sie das gebratene Fleisch und die Leber wieder zur Brühe hinzu und lassen Sie alles kurz aufkochen. Gießen Sie die Suppe über die Nudeln in den Schüsseln und legen Sie auf jede Portion zwei halbierte Eier.

5 Bestreuen Sie die Suppe mit gehackten Frühlingszwiebeln und geben Sie optional gerösteten Knoblauch und Chiliflocken darüber.

Brote

KABABAYAN BREAD |

PHILIPPINISCHES MUFFINBROT

12 Port.

45 Min.

Leicht

Zutaten

250 g Mehl
150 g Zucker
1 TL Backpulver
½ TL Salz
2 große Eier
120 ml Milch
80 ml Pflanzenöl
1 TL Vanilleextrakt

Nährwerte p. P.

180 kcal
28 g Kohlenhydrate
6 g Fett
4 g Eiweiß

1 Heizen Sie den Ofen auf 180 °C (Ober /Unterhitze) vor und fetten Sie eine Muffinform oder legen Sie sie mit Papierförmchen aus.

2 In einer großen Schüssel das Mehl, den Zucker, das Backpulver und das Salz vermischen.

3 In einer separaten Schüssel die Eier, Milch, Pflanzenöl und Vanilleextrakt gründlich verrühren.

4 Gießen Sie die feuchten Zutaten zu den trockenen Zutaten und mischen Sie alles, bis gerade so ein Teig entsteht. Achten Sie darauf, den Teig nicht zu übermischen.

5 Verteilen Sie den Teig gleichmäßig auf die vorbereiteten Muffinförmchen, füllen Sie diese zu etwa zwei Dritteln.

6 Backen Sie die Muffins 20 bis 25 Minuten lang oder bis ein Zahnstocher, der in die Mitte eines Muffins gesteckt wird, sauber herauskommt.

7 Lassen Sie die Kababayan Breads in der Form für 5 Minuten abkühlen, bevor Sie sie auf ein Kuchengitter zum weiteren Abkühlen legen.

8 Servieren Sie die Kababayan Breads zum Frühstück oder als Snack zu Kaffee und Tee.

PAN DE COCO | KOKOSNUSSBROT

12 Port.

2 Std. 45 Min.

Mittel

Zutaten

500 g Mehl
250 ml lauwarme Milch
75 g Zucker
1 Päckchen Trockenhefe (7 g)
1 TL Salz
60 g Butter, geschmolzen
1 großes Ei

Für die Füllung:
200 g frische Kokosnuss, gerieben
100 g brauner Zucker
50 ml Wasser
1 TL Vanilleextrakt

Nährwerte p. P.

250 kcal
35 g Kohlenhydrate
10 g Fett
5 g Eiweiß

1 Heizen Sie den Ofen auf 180 °C (Ober- /Unterhitze) vor. Lösen Sie die Trockenhefe und 1 EL des Zuckers in 100 ml der lauwarmen Milch auf. Lassen Sie die Mischung 10 Minuten stehen, bis sie schäumt.

2 In einer großen Schüssel Mehl, den restlichen Zucker und Salz vermischen. Fügen Sie die geschmolzene Butter, das Ei und die übrige Milch hinzu. Integrieren Sie die Hefemischung und verkneten Sie alles zu einem glatten Teig.

3 Legen Sie den Teig auf eine leicht bemehlte Fläche und kneten Sie ihn etwa 10 Minuten lang, bis er geschmeidig ist. Legen Sie den Teig dann in eine geölte Schüssel, decken Sie ihn ab und lassen Sie ihn an einem warmen Ort 1 Stunde gehen, bis er sich in seiner Größe verdoppelt hat.

4 Während der Teig geht, bereiten Sie die Füllung vor. Kochen Sie in einem kleinen Topf die Kokosnuss, den braunen Zucker, Wasser und Vanilleextrakt. Rühren Sie, bis der Zucker sich aufgelöst hat und die Mischung eingedickt ist. Nehmen Sie den Topf vom Herd und lassen Sie die Füllung abkühlen.

5 Teilen Sie den aufgegangenen Teig in 12 gleich große Stücke. Rollen Sie jedes Stück zu einer flachen Scheibe, geben Sie 1 EL der Kokosnussfüllung darauf und verschließen Sie den Teig, indem Sie die Ränder zusammenkneifen.

6 Legen Sie die gefüllten Teigstücke mit der Naht nach unten auf ein mit Backpapier ausgelegtes Backblech. Lassen Sie sie abgedeckt 30 Minuten gehen. Backen Sie die Brötchen 20 bis 25 Minuten lang, bis sie goldbraun sind. Lassen Sie die Pan de Coco auf einem Kuchengitter abkühlen, bevor Sie sie servieren.

ENSAYMADA |

PHILIPPINISCHES BRIOCHE

12 Port.

30 Min.

Mittel

Zutaten

500 g Mehl
100 g Zucker
1 Päckchen Trockenhefe (7 g)
1 TL Salz
120 ml warme Milch
3 große Eier
120 g weiche Butter
Zusätzliche Butter, geschmolzen, zum Bestreichen
Zucker für die Oberfläche
Geriebener Käse für die Oberfläche

Nährwerte p. P.

300 kcal
45 g Kohlenhydrate
12 g Fett
6 g Eiweiß

1 Heizen Sie den Ofen auf 180 °C (Ober- /Unterhitze) vor.

2 Bereiten Sie eine Hefemischung vor, indem Sie die Trockenhefe, 1 EL Zucker und die warme Milch in einer Schüssel vermischen. Lassen Sie die Mischung 10 Minuten ruhen, bis sie schäumt.

3 In einer großen Schüssel Mehl, den restlichen Zucker und Salz mischen. Fügen Sie die Eier und die Hefemischung hinzu und beginnen Sie zu kneten. Arbeiten Sie nach und nach die weiche Butter ein, bis ein glatter und elastischer Teig entsteht.

4 Kneten Sie den Teig auf einer leicht bemehlten Arbeitsfläche weiter, bis er vollständig geschmeidig ist. Formen Sie eine Kugel und legen Sie diese in eine geölte Schüssel. Decken Sie die Schüssel ab und lassen Sie den Teig an einem warmen Ort etwa 1 Stunde gehen, bis er sich in seiner Größe verdoppelt hat.

5 Teilen Sie den aufgegangenen Teig in 12 gleiche Teile. Rollen Sie jedes Teil zu einem langen Strang und formen Sie eine spiralförmige Schnecke. Legen Sie die geformten Teigstücke auf ein mit Backpapier ausgelegtes Backblech und lassen Sie sie abgedeckt weitere 30 Minuten gehen.

6 Backen Sie die Ensaymadas 20 Minuten lang, bis sie goldbraun sind. Bestreichen Sie die noch warmen Brioche mit geschmolzener Butter und bestreuen Sie sie großzügig mit Zucker und geriebenem Käse.

SPANISH BREAD |

SPANISCHES BROT

16 Port.

2 Std. 45 Min.

Mittel

Zutaten

500 g Mehl
100 g Zucker
1 Päckchen Trockenhefe (7 g)
1 TL Salz
240 ml warme Milch
60 g weiche Butter
1 großes Ei

Für die Füllung:
100 g weiche Butter
100 g brauner Zucker
1 TL gemahlener Zimt
Zusätzliche Brotkrumen zum Bestreuen

Nährwerte p. P.

230 kcal
35 g Kohlenhydrate
8 g Fett
5 g Eiweiß

1 Erwärmen Sie den Ofen auf 180 °C (Ober-/Unterhitze). Kombinieren Sie in einer kleinen Schüssel die Trockenhefe, 1 EL des Zuckers und die warme Milch. Lassen Sie diese Mischung etwa 10 Minuten ruhen, bis sie zu schäumen beginnt.

2 Vermengen Sie in einer großen Rührschüssel Mehl, den restlichen Zucker und Salz. Fügen Sie das Ei, die Hefemischung und die weiche Butter hinzu. Verkneten Sie die Zutaten zu einem glatten, elastischen Teig. Fahren Sie fort, bis der Teig sich von den Schüsselrändern löst.

3 Übertragen Sie den Teig auf eine bemehlte Fläche und kneten Sie ihn etwa 10 Minuten weiter, bis er geschmeidig ist. Formen Sie den Teig zu einer Kugel und legen Sie ihn in eine geölte Schüssel. Decken Sie ihn ab und lassen Sie ihn an einem warmen Ort etwa 1 Stunde gehen, bis er sein Volumen verdoppelt hat.

4 Bereiten Sie die Füllung vor, indem Sie weiche Butter, braunen Zucker und Zimt verrühren.

5 Teilen Sie den aufgegangenen Teig in 16 gleich große Stücke. Rollen Sie jedes Stück flach und verteilen Sie die Zimtbutter-Zuckermischung darauf. Rollen Sie den Teig auf und formen Sie ihn zu länglichen Rollen.

6 Wälzen Sie jede Rolle in Brotkrumen und legen Sie sie mit dem Schluss nach unten auf ein mit Backpapier belegtes Blech. Lassen Sie die Teigrollen abgedeckt nochmals 30 Minuten gehen. Backen Sie die Spanish Breads 20 bis 25 Minuten lang, bis sie goldbraun sind.

MONAY |

PHILIPPINISCHES WEIßBROT

12 Port. 3 Std. Mittel

Zutaten

500 g Mehl
250 ml warme Milch
50 g Zucker
1 Päckchen Trockenhefe (7 g)
1 TL Salz
2 EL weiche Butter
1 großes Ei

Nährwerte p. P.

210 kcal
40 g Kohlenhydrate
3 g Fett
6 g Eiweiß

1 Erwärmen Sie den Ofen auf 180 °C (Ober-/Unterhitze) und bereiten Sie ein Backblech mit Backpapier vor.

2 Aktivieren Sie die Trockenhefe in einer kleinen Schüssel mit der warmen Milch und 1 EL Zucker. Lassen Sie die Mischung etwa 10 Minuten stehen, bis sie aufschäumt.

3 In einer großen Schüssel das Mehl mit dem restlichen Zucker und Salz vermischen. Fügen Sie die Hefemischung, das Ei und die weiche Butter hinzu. Kneten Sie die Masse, bis ein geschmeidiger Teig entsteht.

4 Übertragen Sie den Teig auf eine leicht bemehlte Arbeitsfläche und kneten Sie ihn weiter, bis er elastisch ist, etwa 10 Minuten.

5 Formen Sie den Teig zu einer Kugel und legen Sie ihn in eine geölte Schüssel. Decken Sie ihn ab und lassen Sie ihn an einem warmen Ort aufgehen, bis er sein Volumen verdoppelt hat, ungefähr 1 Stunde.

6 Teilen Sie den aufgegangenen Teig in 12 gleich große Teile. Formen Sie jedes Teil zu einer ovalen Form und machen Sie einen tiefen Längsschnitt in der Mitte jedes Teigstücks.

7 Legen Sie die geformten Brötchen auf das vorbereitete Backblech und lassen Sie sie abgedeckt etwa 45 Minuten gehen, bis sie aufgegangen sind.

8 Backen Sie die Monay-Brötchen 20 bis 25 Minuten lang, bis sie eine goldbraune Farbe angenommen haben.

9 Nehmen Sie das Brot aus dem Ofen und lassen Sie es auf einem Kuchengitter abkühlen.

Hauptgerichte mit Fleisch & Geflügel

ADOBO |

PHILIPPINISCHES FLEISCHGERICHT IN ESSIG UND SOJASOSSE

4 Port.

1 Std.

Leicht

Zutaten

500 g Hühnchen- oder Schweinefleisch, in Stücke geschnitten
120 ml weißer Essig
120 ml Sojasoße
250 ml Wasser
3 Knoblauchzehen, fein gehackt
1 Zwiebel, in Ringe geschnitten
1 TL schwarze Pfefferkörner
3 Lorbeerblätter
1 EL Pflanzenöl

Optional:
gehackte Frühlingszwiebeln zur Garnierung

Nährwerte p. P.

310 kcal
5 g Kohlenhydrate
18 g Fett
32 g Eiweiß

1 Erhitzen Sie das Pflanzenöl in einem großen Topf oder einer tiefen Pfanne. Fügen Sie den gehackten Knoblauch hinzu und braten Sie ihn an, bis er aromatisch wird.

2 Geben Sie das Fleisch in den Topf und braten Sie es von allen Seiten an, bis es gleichmäßig gebräunt ist.

3 Vermischen Sie in der Pfanne die Sojasoße, den weißen Essig und das Wasser. Fügen Sie die Zwiebelringe, die schwarzen Pfefferkörner und die Lorbeerblätter hinzu.

4 Bringen Sie die Mischung zum Kochen, reduzieren Sie dann die Hitze und lassen Sie das Gericht zugedeckt etwa 45 Minuten köcheln. Rühren Sie gelegentlich um und achten Sie darauf, dass das Fleisch zart wird.

5 Entfernen Sie die Lorbeerblätter und geben Sie bei Bedarf weitere Sojasoße oder Essig hinzu, um die Soße nach Ihrem Geschmack anzupassen.

6 Servieren Sie das Adobo heiß und garnieren Sie es optional mit gehackten Frühlingszwiebeln.

LECHON KAWALI |

KNUSPRIGER SCHWEINEBAUCH

4 Port.

2 Std.

Mittel

Zutaten

1 kg Schweinebauch, ganzes Stück
1 Liter Wasser
2 Lorbeerblätter
5 Knoblauchzehen, ganz
1 Zwiebel, geviertelt
2 TL Salz
1 TL ganze Pfefferkörner
Öl zum Frittieren

Nährwerte p. P.

560 kcal
0 g Kohlenhydrate
44 g Fett
36 g Eiweiß

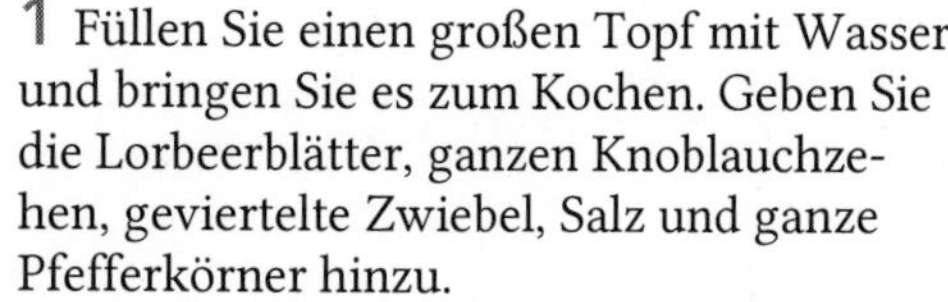
1 Füllen Sie einen großen Topf mit Wasser und bringen Sie es zum Kochen. Geben Sie die Lorbeerblätter, ganzen Knoblauchzehen, geviertelte Zwiebel, Salz und ganze Pfefferkörner hinzu.

2 Legen Sie den Schweinebauch in den Topf und lassen Sie ihn bei mittlerer Hitze 1 bis 1,5 Stunden köcheln, bis das Fleisch weich ist.

3 Nehmen Sie den Schweinebauch aus dem Topf und lassen Sie ihn abkühlen. Trocknen Sie das Fleisch gründlich mit Küchenpapier.

4 Erhitzen Sie eine ausreichende Menge Öl in einer tiefen Pfanne oder einer Fritteuse auf etwa 180 °C. Geben Sie den getrockneten Schweinebauch vorsichtig in das heiße Öl und frittieren Sie ihn, bis die Schwarte knusprig und goldbraun ist. Dies dauert ungefähr 10 bis 15 Minuten.

5 Nehmen Sie den Schweinebauch aus dem Öl und lassen Sie ihn auf Küchenpapier abtropfen, um überschüssiges Fett zu entfernen.

6 Schneiden Sie den Schweinebauch in Stücke und servieren Sie ihn heiß. Eine ideale Beilage ist eine Dip-Soße aus Essig, Knoblauch und Chili.

CHICKEN INASAL |

GEGRILLTES HÜHNCHEN BACOLOD-STIL

4 Port. 1,5 Std. Leicht

Zutaten

4 Hähnchenkeulen (Oberschenkel und Unterschenkel)
120 ml Kokosessig
60 ml Sojasoße
2 Stängel Zitronengras, die unteren Teile zerstoßen
4 Knoblauchzehen, fein gehackt
1 kleines Stück Ingwer, fein gehackt
1 TL Kurkumapulver
Saft von 2 Limetten
2 EL brauner Zucker
Salz und Pfeffer nach Geschmack
Öl zum Bestreichen
Frische Limettenspalten

Nährwerte p. P.

310 kcal
4 g Kohlenhydrate
14 g Fett
40 g Eiweiß

1 Bereiten Sie die Marinade vor, indem Sie Kokosessig, Sojasoße, zerstoßenes Zitronengras, gehackten Knoblauch, gehackten Ingwer, Kurkumapulver, Limettensaft und braunen Zucker in einer Schüssel vermengen. Schmecken Sie mit Salz und Pfeffer ab.

2 Legen Sie die Hähnchenkeulen in die Marinade und stellen Sie sicher, dass sie vollständig bedeckt sind. Bedecken Sie die Schüssel und lassen Sie das Hähnchen im Kühlschrank mindestens 1 Stunde lang marinieren, idealerweise über Nacht.

3 Heizen Sie Ihren Grill vor. Entfernen Sie das Hähnchen aus der Marinade und lassen Sie überschüssige Flüssigkeit abtropfen. Bestreichen Sie das Hähnchen leicht mit Öl.

4 Grillen Sie das Hähnchen bei mittlerer Hitze, bis es durchgegart und schön gebräunt ist, wobei Sie es gelegentlich wenden und mit der verbliebenen Marinade bestreichen. Dies sollte etwa 15 bis 20 Minuten dauern.

5 Servieren Sie das Chicken Inasal garniert mit frischen Limettenspalten. Dieses Gericht wird traditionell mit einer Beilage aus Reis und einer Tinktur aus Sojasoße und Chili als Dip serviert.

KARE-KARE |

ERDNUSSBUTTER-EINTOPF

6 Port.

2,5 Std.

Mittel

Zutaten

1 kg Ochsenschwanz, in Stücke geschnitten
3 Tassen Rinderbrühe
200 g grüne Bohnen, geputzt und halbiert
2 kleine japanische Auberginen, in dicke Scheiben geschnitten
1 Bund Pechay (asiatischer Blattkohl) oder junger Spinat
1 große Zwiebel, gehackt
4 Knoblauchzehen, fein gehackt
300 g cremige Erdnussbutter
2 EL Annatto-Pulver (Achiote) in ½ Tasse warmem Wasser aufgelöst
2 EL Fischsoße
Salz und Pfeffer nach Geschmack
1 EL Pflanzenöl

Optional:
geröstete Erdnüsse zur Garnierung

Nährwerte p. P.

550 kcal
20 g Kohlenhydrate
40 g Fett
35 g Eiweiß

1 Erhitzen Sie das Öl in einem großen Topf oder einer Pfanne. Braten Sie die Zwiebel und den Knoblauch an, bis sie glasig sind.

2 Fügen Sie die Ochsenschwanzstücke hinzu und braten Sie sie an, bis sie rundum leicht gebräunt sind.

3 Gießen Sie die Rinderbrühe ein und bringen Sie die Mischung zum Kochen. Reduzieren Sie die Hitze und lassen Sie das Fleisch abgedeckt etwa 1,5 Stunden köcheln, bis es zart ist.

4 Lösen Sie das Annatto-Pulver in warmem Wasser auf und gießen Sie es in den Topf. Fügen Sie die Erdnussbutter und Fischsoße hinzu und rühren Sie um, bis sich die Erdnussbutter vollständig aufgelöst hat und eine gleichmäßige Soße entsteht.

5 Geben Sie die grünen Bohnen und Auberginenscheiben in den Topf. Lassen Sie den Eintopf weitere 30 Minuten köcheln, bis das Gemüse weich ist.

6 Kurz vor dem Servieren den Pechay oder Spinat hinzufügen und einige Minuten mitkochen, bis das Blattgemüse gerade welk geworden ist.

7 Schmecken Sie den Kare-Kare mit Salz und Pfeffer ab und passen Sie die Würze an.

8 Servieren Sie den Kare-Kare und bestreuen Sie ihn optional mit gerösteten Erdnüssen.

BISTEK TAGALOG |

PHILIPPINISCHES RINDERSTEAK

4 Port.

1 Std. 15 Min.

Leicht

Zutaten

500 g Rindfleisch (z. B. Flanke oder Rumpsteak), in dünne Scheiben geschnitten
120 ml Sojasoße
Saft von 2 Zitronen
3 große Zwiebeln, in Ringe geschnitten
4 Knoblauchzehen, fein gehackt
2 EL Pflanzenöl
1 TL schwarzer Pfeffer

Optional:
Frühlingszwiebeln, geschnitten, zur Garnierung

Nährwerte p. P.

270 kcal
5 g Kohlenhydrate
15 g Fett
30 g Eiweiß

1 Verquirlen Sie Sojasoße, Zitronensaft und gehackten Knoblauch in einer Schüssel. Legen Sie die Rindfleischscheiben in die Marinade und stellen Sie sicher, dass jedes Stück gut bedeckt ist. Lassen Sie das Fleisch abgedeckt im Kühlschrank mindestens 1 Stunde marinieren.

2 Erhitzen Sie das Pflanzenöl in einer großen Pfanne auf mittlerer Stufe. Entnehmen Sie das Rindfleisch der Marinade und bewahren Sie die übrige Marinade auf.

3 Braten Sie die Rindfleischscheiben in der Pfanne von beiden Seiten an, bis sie gerade durchgegart sind, etwa 3 Minuten pro Seite. Entfernen Sie das Fleisch aus der Pfanne und halten Sie es warm.

4 Geben Sie die Zwiebelringe in die gleiche Pfanne und braten Sie sie, bis sie weich und leicht karamellisiert sind, etwa 5 Minuten. Fügen Sie die zurückbehaltene Marinade hinzu und lassen Sie alles zusammen aufkochen.

5 Legen Sie das angebratene Fleisch zurück in die Pfanne und bestreuen Sie es mit schwarzem Pfeffer. Lassen Sie alles einige Minuten köcheln, bis das Fleisch heiß und die Soße leicht eingedickt ist.

6 Servieren Sie das Bistek Tagalog heiß, optional mit geschnittenen Frühlingszwiebeln garniert.

PAKSIW NA LECHON |

GERÖSTETES SCHWEINEFLEISCH IN LEBERSOSSE

4 Port. | 1 Std. 20 Min. | Mittel

Zutaten

1 kg frisches Schweinefleisch (Schulter oder Bauch), in große Stücke geschnitten
250 ml Leberpaste oder Lebersoße
125 ml Essig
60 ml Sojasoße
2 Knoblauchzehen, fein gehackt
1 große Zwiebel, in Ringe geschnitten
1 TL schwarze Pfefferkörner
2 Lorbeerblätter
500 ml Wasser
1 TL Zucker
Extra Zucker zum Abschmecken
2 EL Pflanzenöl

Nährwerte p. P.

400 kcal
10 g Kohlenhydrate
25 g Fett
35 g Eiweiß

1 Erhitzen Sie das Öl in einem großen Topf bei mittlerer Hitze. Fügen Sie die Zwiebel und den Knoblauch hinzu und braten Sie beides an, bis die Zwiebel glasig wird.

2 Fügen Sie die schwarzen Pfefferkörner und Lorbeerblätter hinzu und rühren Sie kurz um. Geben Sie die Leberpaste oder -soße, den Essig und die Sojasoße dazu. Verrühren Sie alle Zutaten gründlich miteinander.

3 Geben Sie das Wasser in den Topf und bringen Sie die Mischung zum Kochen. Fügen Sie die Schweinefleischstücke hinzu, reduzieren Sie die Hitze und lassen Sie das Gericht abgedeckt 1 Stunde köcheln. Achten Sie darauf, dass das Fleisch während des Kochens vollständig mit Flüssigkeit bedeckt ist und weich wird.

4 Nehmen Sie den Deckel ab, fügen Sie den Zucker hinzu und lassen Sie die Soße weiterköcheln, bis sie auf die gewünschte Konsistenz eingedickt ist. Schmecken Sie das Gericht mit zusätzlichem Zucker oder Sojasoße ab, um die perfekte Balance zwischen Süße und Salzigkeit zu erreichen.

CHICKEN AFRITADA |

HÜHNCHEN IN TOMATENSOSSE

4 Port.

1 Std.

Leicht

Zutaten

500 g Hühnchenstücke (Oberschenkel und Brust), mit Haut
2 EL Pflanzenöl
1 große Zwiebel, gewürfelt
3 Knoblauchzehen, fein gehackt
Je 1 rote und grüne Paprika, in Streifen geschnitten
2 mittelgroße Kartoffeln, geschält und gewürfelt
2 Karotten, in Scheiben geschnitten
400 g Dosen-Tomaten, gewürfelt
120 ml Hühnerbrühe
2 EL Tomatenpaste
1 TL Zucker
Salz und frisch gemahlener schwarzer Pfeffer nach Geschmack

Nährwerte p. P.

310 kcal
15 g Kohlenhydrate
12 g Fett
35 g Eiweiß

1 Erhitzen Sie das Öl in einem großen Schmortopf oder einer tiefen Pfanne auf mittlerer Stufe. Braten Sie die Hühnchenstücke von allen Seiten an, bis die Haut goldbraun und knusprig ist. Nehmen Sie das Hühnchen aus dem Topf und stellen Sie es beiseite.

2 In demselben Topf die Zwiebel und den Knoblauch anbraten, bis die Zwiebel weich wird. Fügen Sie die Paprika, Kartoffeln und Karotten hinzu und braten Sie alles einige Minuten an.

3 Geben Sie die Tomaten, Hühnerbrühe und Tomatenpaste in den Topf. Rühren Sie um und bringen Sie die Mischung zum Kochen. Lassen Sie alles einige Minuten köcheln.

4 Setzen Sie die angebratenen Hühnchenstücke wieder in den Topf. Decken Sie den Topf ab und lassen Sie das Gericht bei niedriger Hitze etwa 30 Minuten köcheln, bis das Hühnchen durchgegart und das Gemüse weich ist. Schmecken Sie die Soße mit Zucker, Salz und Pfeffer ab.

PORK BINAGOONGAN |

SCHWEINEFLEISCH IN GARNELENPASTE

4 Port.

1 Std. 10 Min.

Mittel

Zutaten

500 g Schweinebauch, in Würfel geschnitten
2 EL Pflanzenöl
4 Knoblauchzehen, fein gehackt
1 große Zwiebel, gewürfelt
2 Tomaten, gewürfelt
3 EL Garnelenpaste (Bagoong)
1 Chilischote, gehackt (optional für zusätzliche Schärfe)
120 ml Wasser
1 EL brauner Zucker
Essig nach Geschmack
Frisch gemahlener schwarzer Pfeffer

Nährwerte p. P.

520 kcal
6 g Kohlenhydrate
40 g Fett
36 g Eiweiß

1 Erhitzen Sie das Öl in einer großen Pfanne oder einem Wok auf mittlerer Stufe. Braten Sie die Schweinebauchwürfel an, bis sie rundum braun und knusprig sind. Nehmen Sie das Fleisch aus der Pfanne und legen Sie es beiseite.

2 In derselben Pfanne den Knoblauch, die Zwiebel und die Tomaten anbraten, bis die Zwiebel glasig ist. Fügen Sie die Garnelenpaste hinzu und kochen Sie unter Rühren weiter, bis die Mischung aromatisch ist.

3 Geben Sie das angebratene Schweinefleisch zurück in die Pfanne. Fügen Sie Wasser, Zucker und die gehackte Chilischote hinzu und lassen Sie alles aufkochen. Reduzieren Sie die Hitze und lassen Sie das Gericht bei schwacher Hitze etwa 30 Minuten köcheln, bis das Schweinefleisch zart ist und die Soße eindickt.

4 Schmecken Sie mit Essig und schwarzem Pfeffer ab. Rühren Sie gut um und lassen Sie das Gericht weitere 5 Minuten köcheln.

5 Servieren Sie das Pork Binagoongan garniert mit frischen Chilischoten, falls gewünscht.

SINAMPALUKANG MANOK |

TAMARINDEN-HÜHNCHEN

4 Port.

1 Std.

Mittel

Zutaten

800 g Hühnchenteile (Beine und Schenkel)
2 EL Pflanzenöl
1 große Zwiebel, geschnitten
3 Knoblauchzehen, fein gehackt
1 Ingwerwurzel (ca. 5 cm), geschält und in Scheiben geschnitten
2 große Tomaten, gewürfelt
2 EL Tamarindenpaste oder frische Tamarinde, eingeweicht und gesiebt
1 Liter Wasser
2 EL Fischsoße
200 g grüne Bohnen, halbiert
2 kleine chinesische Auberginen, in Stücke geschnitten
Salz und Pfeffer nach Geschmack
Ein paar Sili-Blätter (Chili-Blätter) oder Spinat als Ersatz

Nährwerte p. P.

310 kcal
12 g Kohlenhydrate
17 g Fett
28 g Eiweiß

1 Erhitzen Sie das Öl in einem großen Topf bei mittlerer Hitze. Braten Sie die Hühnchenteile an, bis alle Seiten schön gebräunt sind. Nehmen Sie das Hühnchen aus dem Topf und stellen Sie es beiseite.

2 In demselben Topf die Zwiebel, den Knoblauch und den Ingwer anschwitzen, bis die Zwiebel glasig ist.

3 Fügen Sie die Tomaten hinzu und kochen Sie diese, bis sie weich werden und Saft freisetzen.

4 Geben Sie das Hühnchen zurück in den Topf. Rühren Sie die Tamarindenpaste ein und mischen Sie alles gut durch.

5 Gießen Sie das Wasser hinzu und bringen Sie die Mischung zum Kochen. Reduzieren Sie die Hitze und lassen Sie das Hühnchen etwa 30 Minuten köcheln.

6 Fügen Sie die Fischsoße, grüne Bohnen und Auberginen hinzu. Kochen Sie weiter, bis das Gemüse weich und das Hühnchen vollständig gar ist.

7 Schmecken Sie mit Salz und Pfeffer ab und fügen Sie kurz vor dem Servieren die Sili-Blätter oder Spinat hinzu.

8 Lassen Sie die Blätter in der heißen Suppe nur kurz welken und servieren Sie das Gericht dann heiß.

PATA TIM |

GESCHMORTE SCHWEINEHAXE

4 Port.

3 Std.

Mittel

Zutaten

1 große Schweinehaxe (ca. 1,5 kg), am besten mit Haut
2 EL Pflanzenöl
1 große Zwiebel, grob gehackt
5 Knoblauchzehen, fein gehackt
1 Stück Sternanis
2 Lorbeerblätter
80 ml Sojasoße
80 ml Oystersoße
50 g brauner Zucker
750 ml Wasser
100 ml Shaoxing-Wein oder trockener Sherry
150 g Shiitake-Pilze, frisch oder eingeweicht und abgetropft
Salz und frisch gemahlener schwarzer Pfeffer

Nährwerte p. P.

480 kcal
20 g Kohlenhydrate
34 g Fett
28 g Eiweiß

1 Erhitzen Sie das Öl in einem großen Bräter oder einer tiefen Pfanne. Braten Sie die Schweinehaxe rundherum an, bis sie gleichmäßig gebräunt ist.

2 Nehmen Sie die Haxe aus dem Bräter und setzen Sie die Zwiebeln und den Knoblauch in das heiße Fett. Dünsten Sie diese, bis sie weich und leicht gebräunt sind.

3 Geben Sie die Schweinehaxe zurück in den Bräter. Fügen Sie Sternanis, Lorbeerblätter, Sojasoße, Oystersoße, braunen Zucker und Shaoxing-Wein hinzu.

4 Gießen Sie das Wasser dazu, sodass die Haxe fast bedeckt ist. Bringen Sie die Flüssigkeit zum Kochen, reduzieren Sie dann die Hitze und decken Sie den Bräter ab.

5 Lassen Sie die Haxe 2 bis 2,5 Stunden langsam schmoren, bis das Fleisch sehr zart ist und sich leicht vom Knochen lösen lässt.

6 Fügen Sie etwa 30 Minuten vor Ende der Garzeit die Shiitake-Pilze hinzu und lassen Sie sie mitköcheln.

7 Schmecken Sie die Soße mit Salz und Pfeffer ab und entfernen Sie die Lorbeerblätter sowie den Sternanis.

8 Servieren Sie die geschmorte Schweinehaxe begleitet von Reis oder gedämpften Buns und geben Sie etwas von der reduzierten Soße darüber.

Hauptgerichte mit Fisch & Meeresfrüchten

RELYENONG BANGUS |

GEFÜLLTER MILCHFISCH

4 Port.

2 Std.

Schwer

Zutaten

1 großer Milchfisch, entbeint, Haut und Kopf intakt
2 EL Pflanzenöl
1 große Zwiebel, fein gehackt
4 Knoblauchzehen, fein gehackt
1 Karotte, klein gewürfelt
1 rote Paprika, klein gewürfelt
100 g grüne Erbsen
2 EL Sojasoße
1 EL Austernsoße
1 TL schwarzer Pfeffer
1 Ei, geschlagen
2 EL Mehl
Öl zum Braten

Nährwerte p. P.

420 kcal
15 g Kohlenhydrate
22 g Fett
40 g Eiweiß

1 Erhitzen Sie etwas Öl in einer Pfanne und braten Sie Zwiebel und Knoblauch an, bis sie glasig sind. Fügen Sie Karotte und Paprika hinzu und braten Sie alles, bis es weich ist. Mischen Sie die Erbsen unter und würzen Sie das Gemüse mit Sojasoße, Austernsoße und schwarzem Pfeffer. Lassen Sie die Füllung abkühlen.

2 Entfernen Sie vorsichtig das Fleisch vom Milchfisch, ohne die Haut zu beschädigen. Zerkleinern Sie das Fischfleisch und mischen Sie es mit dem abgekühlten Gemüse. Fügen Sie das geschlagene Ei hinzu, um die Füllung zu binden.

3 Füllen Sie die Fischhaut mit der Fisch-Gemüse-Mischung und nähen Sie die Öffnungen zu, um die Füllung zu sichern. Bestäuben Sie den gefüllten Fisch leicht mit Mehl.

4 Erhitzen Sie eine ausreichende Menge Öl in einer großen Pfanne oder einem Bräter. Braten Sie den gefüllten Fisch bei mittlerer Hitze von allen Seiten an, bis die Haut goldbraun und knusprig ist.

5 Servieren Sie den Relyenong Bangus idealerweise mit einer Beilage aus dampfendem Reis und einer Scheibe Zitrone.

DAING NA BANGUS |

MARINIERTER UND GEBRATENER MILCHFISCH

4 Port.

1 Std. 15 Min.

Mittel

Zutaten

1 ganzer Milchfisch, entgrätet und aufgeschnitten (ca. 1 - 1,5 kg)
½ Tasse Weißweinessig
6 Knoblauchzehen, zerdrückt
¼ Tasse Sojasoße
Frisch gemahlener schwarzer Pfeffer
2 EL Pflanzenöl

Optional:
gehackte Frühlingszwiebeln und Tomatenscheiben zur Garnierung

Nährwerte p. P.

320 kcal
0 g Kohlenhydrate
12 g Fett
50 g Eiweiß

1 Reinigen Sie den Milchfisch gründlich und tupfen Sie ihn mit Küchenpapier trocken. Legen Sie den Fisch in eine flache Schüssel oder einen großen wiederverschließbaren Plastikbeutel.

2 Vermischen Sie Weißweinessig, zerdrückte Knoblauchzehen, Sojasoße und eine großzügige Menge frisch gemahlenen schwarzen Pfeffer in einer Schüssel. Gießen Sie diese Marinade über den Milchfisch, sodass er vollständig bedeckt ist. Lassen Sie den Fisch für mindestens 1 Stunde im Kühlschrank marinieren, wenden Sie ihn gelegentlich, damit die Marinade gleichmäßig einzieht.

3 Erhitzen Sie das Pflanzenöl in einer großen Pfanne auf mittlerer bis hoher Stufe. Nehmen Sie den marinierten Milchfisch aus der Marinade und lassen Sie überschüssige Flüssigkeit abtropfen.

4 Braten Sie den Milchfisch in der Pfanne von jeder Seite 3 bis 4 Minuten oder bis er durchgegart und an den Rändern knusprig ist. Achten Sie darauf, den Fisch vorsichtig zu wenden, um ihn nicht zu zerbrechen.

5 Servieren Sie den Daing na Bangus heiß, garniert mit gehackten Frühlingszwiebeln und Tomatenscheiben, falls gewünscht.

INIHAW NA PUSIT |

GEGRILLTER TINTENFISCH

4 Port.

45 Min.

Leicht

Zutaten

4 große Tintenfische, gereinigt und Tentakeln belassen
120 ml Sojasoße
Saft von 2 Zitronen
2 Knoblauchzehen, fein gehackt
1 TL schwarzer Pfeffer
2 EL Olivenöl
Frische Petersilie oder Koriander zum Garnieren

Nährwerte p. P.

180 kcal
3 g Kohlenhydrate
4 g Fett
30 g Eiweiß

1 Reinigen Sie den Tintenfisch gründlich und lassen Sie ihn trocknen.

2 Mischen Sie in einer Schüssel Sojasoße, Zitronensaft, gehackten Knoblauch und schwarzen Pfeffer. Legen Sie die Tintenfische in diese Marinade und stellen Sie sicher, dass sie vollständig bedeckt sind. Lassen Sie die Tintenfische abgedeckt im Kühlschrank mindestens 30 Minuten marinieren.

3 Erhitzen Sie einen Grill oder eine Grillpfanne auf mittlere bis hohe Temperatur und ölen Sie die Grillfläche leicht ein.

4 Nehmen Sie die Tintenfische aus der Marinade und tupfen Sie sie leicht ab, um überschüssige Flüssigkeit zu entfernen. Grillen Sie die Tintenfische etwa 2 bis 3 Minuten pro Seite, bis sie fest und leicht verkohlt sind.

5 Garnieren Sie den gegrillten Tintenfisch mit frischer Petersilie oder Koriander und servieren Sie ihn sofort.

ADOBONG PUSIT |

TINTENFISCH IN ADOBO-SOSSE

4 Port.

40 Min.

Leicht

Zutaten

500 g Tintenfisch, gereinigt und in Ringe geschnitten
100 ml Weißweinessig
100 ml Sojasoße
3 Knoblauchzehen, fein gehackt
2 Lorbeerblätter
1 TL ganze Pfefferkörner
1 EL Pflanzenöl
Frische Petersilie oder Frühlingszwiebeln zum Garnieren

Nährwerte p. P.

220 kcal
10 g Kohlenhydrate
8 g Fett
28 g Eiweiß

1 Erhitzen Sie das Öl in einem breiten Topf oder einer tiefen Pfanne auf mittlerer Stufe. Fügen Sie den gehackten Knoblauch hinzu und lassen Sie ihn goldbraun anbraten.

2 Geben Sie die Tintenfischringe in die Pfanne und braten Sie sie kurz an, bis sie ihre Farbe ändern.

3 Fügen Sie Weißweinessig, Sojasoße, Lorbeerblätter und ganze Pfefferkörner hinzu. Rühren Sie um und lassen Sie die Mischung aufkochen.

4 Reduzieren Sie die Hitze, decken Sie die Pfanne ab und lassen Sie den Tintenfisch etwa 15 Minuten köcheln. Überprüfen Sie die Konsistenz; der Tintenfisch sollte weich, aber nicht zäh sein.

5 Entfernen Sie die Lorbeerblätter und servieren Sie den Adobong Pusit heiß, garniert mit frischer Petersilie oder geschnittenen Frühlingszwiebeln.

PAKSIW NA ISDA |

FISCH IN ESSIGSOẞE

4 Port.

30 Min.

Leicht

Zutaten

500 g Weißfisch (z. B. Tilapia, Makrele), in Portionsstücke geschnitten
120 ml Weißweinessig
120 ml Wasser
3 Knoblauchzehen, geschält und leicht zerdrückt
1 kleine Zwiebel, in Scheiben geschnitten
1 daumengroßes Stück Ingwer, geschält und in Scheiben geschnitten
1 TL schwarze Pfefferkörner
1 TL Salz
2 grüne Chilis, ganz gelassen
1 EL Pflanzenöl

Nährwerte p. P.

180 kcal
0 g Kohlenhydrate
8 g Fett
26 g Eiweiß

1 Erhitzen Sie das Öl in einem großen Topf oder einer tiefen Pfanne auf mittlerer Stufe. Fügen Sie Zwiebel, Knoblauch und Ingwer hinzu und sautieren Sie diese, bis die Zwiebel durchscheinend ist.

2 Legen Sie die Fischstücke vorsichtig in die Pfanne. Gießen Sie den Essig und das Wasser hinzu und streuen Sie die schwarzen Pfefferkörner und Salz darüber. Fügen Sie die ganzen grünen Chilis hinzu, ohne sie aufzuschneiden.

3 Bringen Sie die Flüssigkeit zum Kochen, dann reduzieren Sie die Hitze und lassen den Fisch bei niedriger Temperatur etwa 15 Minuten köcheln, bis er vollständig gar ist.

4 Überprüfen Sie den Geschmack der Soße und passen Sie bei Bedarf die Würze an. Der Fisch sollte zart sein und die Soße eine harmonische Balance aus säuerlichen und scharfen Noten haben.

5 Servieren Sie den Paksiw na Isda idealerweise mit einer Portion dampfgegartem Reis.

ESCABECHENG ISDA |

FISCH IN SÜẞSAURER SOẞE

4 Port.

50 Min.

Mittel

Zutaten

4 mittelgroße Fischfilets (z. B. Tilapia, Schnapper)
Salz und Pfeffer zum Würzen
100 g Mehl zum Panieren
Pflanzenöl zum Frittieren

Für die süßsaure Soße:
120 ml Weißweinessig
100 g Zucker
2 Karotten, in Streifen geschnitten
Je 1 rote und grüne Paprika, in Streifen geschnitten
1 Zwiebel, in Ringe geschnitten
2 Knoblauchzehen, fein gehackt
1 TL Ingwer, fein gehackt
2 EL Sojasoße
1 EL Maisstärke, aufgelöst in 2 EL Wasser

Nährwerte p. P.

360 kcal
25 g Kohlenhydrate
15 g Fett
28 g Eiweiß

1 Würzen Sie die Fischfilets mit Salz und Pfeffer und wenden Sie sie in Mehl, sodass sie gleichmäßig bedeckt sind.

2 Erhitzen Sie ausreichend Pflanzenöl in einer Pfanne und frittieren Sie die Fischfilets, bis sie goldbraun und knusprig sind. Legen Sie die frittierten Filets auf Küchenpapier, um überschüssiges Öl aufzunehmen.

3 Für die Soße das Öl in einer separaten Pfanne erhitzen und Zwiebel, Knoblauch und Ingwer darin anschwitzen, bis die Zwiebel weich wird. Fügen Sie die Karotten und Paprikastreifen hinzu und dünsten Sie diese kurz an.

4 Vermischen Sie Essig, Zucker und Sojasoße in der Pfanne. Lassen Sie die Mischung aufkochen, dann reduzieren Sie die Hitze und lassen es einige Minuten köcheln.

5 Rühren Sie die aufgelöste Maisstärke ein und kochen Sie weiter, bis die Soße eindickt.

6 Arrangieren Sie die frittierten Fischfilets auf einer Servierplatte und übergießen Sie sie mit der süßsauren Soße.

PINAPUTOK NA TILAPIA |

TILAPIA IN BANANENBLÄTTERN

4 Port.

50 Min.

Mittel

Zutaten

4 ganze Tilapia-Fische, geschuppt und ausgenommen
4 große Bananenblätter, gereinigt
2 große Tomaten, in Scheiben geschnitten
2 große Zwiebeln, in Ringe geschnitten
4 Knoblauchzehen, fein gehackt
1 Bund Koriander, grob gehackt
Saft von 2 Zitronen
Salz und Pfeffer nach Geschmack
2 EL Olivenöl

Nährwerte p. P.

280 kcal
5 g Kohlenhydrate
12 g Fett
40 g Eiweiß

1 Spülen Sie die Tilapia-Fische unter kaltem Wasser ab und tupfen Sie sie trocken. Reiben Sie die Innen- und Außenseiten der Fische mit Zitronensaft, Salz und Pfeffer ein.

2 Mischen Sie in einer Schüssel die Tomatenscheiben, Zwiebelringe, gehackten Knoblauch und Koriander. Füllen Sie diese Mischung in die Bauchhöhlen der Tilapias.

3 Erwärmen Sie die Bananenblätter kurz über einer offenen Flamme, um sie geschmeidig zu machen. Wickeln Sie jeden gefüllten Fisch sorgfältig in ein Bananenblatt, sichern Sie das Paket mit Küchengarn oder Zahnstochern.

4 Heizen Sie den Grill vor und ölen Sie die Grillroste leicht ein. Legen Sie die eingewickelten Fische auf den Grill und lassen Sie sie etwa 20 Minuten grillen, wobei Sie sie einmal vorsichtig wenden, bis die Bananenblätter verkohlt sind und der Fisch durchgegart ist.

5 Servieren Sie den Pinaputok na Tilapia direkt im Bananenblatt, begleitet von frischem Reis oder einem leichten Salat.

SINUGNO |

GEGRILLTER FISCH IN KOKOSMILCH

 4 Port.

 1 Std.

 Mittel

Zutaten

4 mittelgroße Fischfilets (z. B. Tilapia oder Makrele)
400 ml Kokosmilch
1 rote Chilischote, entkernt und fein gehackt
1 daumengroßes Stück Ingwer, fein gehackt
2 Knoblauchzehen, fein gehackt
1 kleine Zwiebel, fein gewürfelt
Saft von 1 Limette
Salz und Pfeffer nach Geschmack
Frische Korianderblätter zum Garnieren
Pflanzenöl für den Grill
Etwas Öl zum Dünsten

Nährwerte p. P.

350 kcal
7 g Kohlenhydrate
22 g Fett
30 g Eiweiß

1 Würzen Sie die Fischfilets mit Salz und Pfeffer und beträufeln Sie sie mit Limettensaft. Lassen Sie den Fisch kurz marinieren.

2 Heizen Sie den Grill vor und ölen Sie die Grillroste leicht ein. Grillen Sie die Fischfilets, bis sie gut durchgegart und leicht verkohlt sind, etwa 3 bis 4 Minuten pro Seite, abhängig von der Dicke der Filets.

3 Während der Fisch grillt, erhitzen Sie in einer Pfanne etwas Öl. Dünsten Sie Zwiebel, Knoblauch, Ingwer und Chili, bis die Zwiebel glasig ist. Gießen Sie die Kokosmilch hinzu und lassen Sie die Mischung leicht köcheln, bis sie etwas eindickt und die Aromen sich entfalten.

4 Legen Sie die gegrillten Fischfilets in eine tiefe Servierschale. Übergießen Sie den Fisch mit der heißen Kokosmilchsoße.

5 Garnieren Sie das Gericht mit frischen Korianderblättern und servieren Sie es heiß.

KINILAW NA TUNA |

ROH MARINIERTER THUNFISCH

4 Port.

35 Min.

Leicht

Zutaten

400 g frischer Thunfisch, in kleine Würfel geschnitten
120 ml weißer Essig
1 mittelgroße rote Zwiebel, fein gehackt
2 grüne Chilischoten, entkernt und fein geschnitten
1 EL frischer Ingwer, fein gehackt
Optional: 50 ml Kokosmilch
Saft von 2 Limetten
Salz nach Geschmack
Frisch gemahlener schwarzer Pfeffer
Frischer Koriander zum Garnieren

Nährwerte p. P.

140 kcal
2 g Kohlenhydrate
1 g Fett
28 g Eiweiß

1 Bereiten Sie den Thunfisch vor und stellen Sie sicher, dass er vollständig entgrätet und in gleichmäßige Würfel geschnitten ist.

2 Kombinieren Sie in einer mittelgroßen Schüssel den weißen Essig mit Limettensaft. Fügen Sie die Thunfischwürfel hinzu und stellen Sie sicher, dass sie vollständig von der Flüssigkeit bedeckt sind. Lassen Sie den Fisch für etwa 10 Minuten in dieser Mischung marinieren.

3 Fügen Sie die gehackte rote Zwiebel, grüne Chilischoten und Ingwer zum marinierten Thunfisch hinzu. Wenn verwendet, gießen Sie die Kokosmilch darüber und mischen Sie alles vorsichtig, um die Aromen zu kombinieren.

4 Schmecken Sie das Gericht mit Salz und frisch gemahlenem schwarzen Pfeffer ab.

5 Lassen Sie das Kinilaw weitere 15 Minuten im Kühlschrank durchziehen, um die Aromen zu intensivieren.

6 Servieren Sie das Kinilaw gekühlt, garniert mit frischem Koriander.

SARCIADONG ISDA |

FISCH MIT TOMATENSOẞE

4 Port.

40 Min.

Mittel

Zutaten

4 mittelgroße Fischfilets (z. B. Tilapia oder Kabeljau)
2 EL Pflanzenöl
1 große Zwiebel, in Ringe geschnitten
4 Knoblauchzehen, fein gehackt
400 g gehackte Tomaten aus der Dose
2 rohe Eier, geschlagen
Salz und Pfeffer nach Geschmack
Gehackter frischer Koriander oder Petersilie zum Garnieren

Nährwerte p. P.

220 kcal
10 g Kohlenhydrate
8 g Fett
28 g Eiweiß

1 Erhitzen Sie das Pflanzenöl in einer großen Pfanne über mittlerer Hitze. Braten Sie die Fischfilets auf beiden Seiten an, bis sie goldbraun und fast durchgegart sind. Nehmen Sie den Fisch aus der Pfanne und stellen Sie ihn beiseite.

2 In derselben Pfanne die Zwiebelringe anbraten, bis sie weich und leicht karamellisiert sind. Fügen Sie den Knoblauch hinzu und dünsten Sie ihn kurz mit, bis er aromatisch wird.

3 Geben Sie die gehackten Tomaten in die Pfanne und lassen Sie die Soße etwa 10 Minuten köcheln, bis sie eingedickt ist. Würzen Sie mit Salz und Pfeffer.

4 Schlagen Sie die Eier in einer kleinen Schüssel auf und gießen Sie sie langsam in die Tomatensoße, während Sie kontinuierlich rühren, um die Eier gleichmäßig zu verteilen und zu stocken.

5 Legen Sie die vorgebratenen Fischfilets zurück in die Pfanne und lassen Sie sie in der Soße für weitere 5 Minuten köcheln, bis der Fisch vollständig durchgegart ist.

6 Garnieren Sie das Gericht vor dem Servieren mit gehacktem Koriander oder Petersilie.

Vegetarische Hauptgerichte

TORTANG TALONG |

AUBERGINEN-OMELETT

4 Port.

40 Min.

Leicht

Zutaten

4 große Auberginen
4 Eier
Salz und Pfeffer nach Geschmack
4 EL Pflanzenöl zum Braten

Nährwerte p. P.

200 kcal
15 g Kohlenhydrate
12 g Fett
9 g Eiweiß

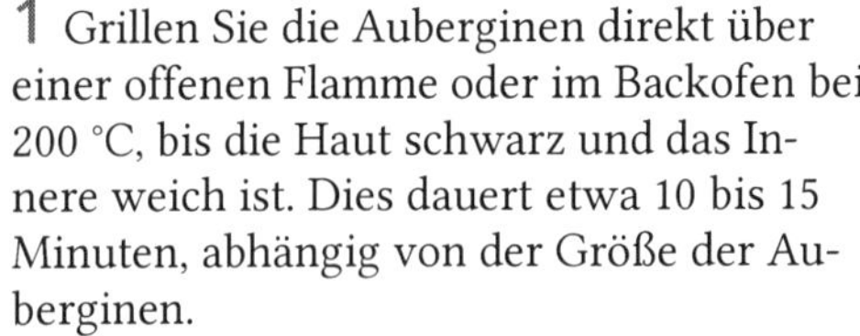

1 Grillen Sie die Auberginen direkt über einer offenen Flamme oder im Backofen bei 200 °C, bis die Haut schwarz und das Innere weich ist. Dies dauert etwa 10 bis 15 Minuten, abhängig von der Größe der Auberginen.

2 Lassen Sie die Auberginen etwas abkühlen, dann schälen Sie die Haut ab und legen die Auberginen flach auf einen Teller.

3 Schlagen Sie die Eier in einer großen Schüssel auf und würzen Sie sie mit Salz und Pfeffer. Tauchen Sie jede Aubergine einzeln in die Eimischung, bis sie gut überzogen ist.

4 Erhitzen Sie das Öl in einer großen Pfanne über mittlerer Hitze. Legen Sie die eingelegten Auberginen in die Pfanne und gießen Sie überschüssiges Ei darüber. Braten Sie die Auberginen, bis die Eier fest und goldbraun sind, etwa 4 Minuten pro Seite.

5 Servieren Sie das Auberginen-Omelett mit einer frischen Tomatensalsa oder einem Klecks Sojasoße.

AMPALAYA CON ITLOG | BITTERMELONE MIT EI

4 Port.

30 Min.

Leicht

Zutaten

2 große Bittermelonen
4 Eier
2 EL Pflanzenöl
Salz und Pfeffer nach Geschmack

Nährwerte p. P.

140 kcal
5 g Kohlenhydrate
8 g Fett
10 g Eiweiß

1 Halbieren Sie die Bittermelonen längs, entfernen Sie die Samen und schneiden Sie sie in dünne Scheiben. Bestreuen Sie die Melonenscheiben mit Salz und lassen Sie sie 10 Minuten ruhen, um etwas von der Bitterkeit zu reduzieren. Spülen Sie sie dann unter kaltem Wasser ab und tupfen Sie sie trocken.

2 Erhitzen Sie das Öl in einer Pfanne über mittlerer Hitze. Geben Sie die Bittermelonenscheiben in die Pfanne und braten Sie sie an, bis sie weich und leicht gebräunt sind, etwa 8 Minuten.

3 Schlagen Sie die Eier in einer Schüssel auf und würzen Sie sie mit Salz und Pfeffer. Gießen Sie die Eier über die Bittermelonen in der Pfanne. Lassen Sie die Eier stocken, indem Sie sie leicht rühren, bis sie vollständig gegart sind.

4 Ampalaya con Itlog passt hervorragend zu warmem Reis als Beilage.

UKOY |

GEMÜSEPUFFER

 4 Port.  40 Min.  Leicht

Zutaten

100 g Mungobohnensprossen
100 g Karotte, fein gerieben
100 g Süßkartoffel, fein gerieben
60 g Mehl
60 g Reismehl
1 TL Backpulver
1 große Zwiebel (etwa 100 g), fein gehackt
3 Knoblauchzehen, fein gehackt
2 Eier, geschlagen
250 ml Wasser
Salz und Pfeffer nach Geschmack
Pflanzenöl zum Frittieren

Nährwerte p. P.

220 kcal
30 g Kohlenhydrate
10 g Fett
6 g Eiweiß

1 In einer großen Schüssel Mehl, Reismehl, Backpulver, Salz und Pfeffer vermischen. Wasser und geschlagene Eier hinzufügen und rühren, bis ein glatter Teig entsteht.

2 Fügen Sie die Mungobohnensprossen, geriebene Karotte, geriebene Süßkartoffel, gehackte Zwiebel und Knoblauch zum Teig hinzu. Vermengen Sie alles gründlich, sodass das Gemüse gleichmäßig von dem Teig umhüllt wird.

3 Erhitzen Sie eine tiefe Pfanne oder einen Topf mit ausreichend Pflanzenöl bei mittlerer Hitze. Sobald das Öl heiß ist, geben Sie Löffel voll des Gemüse-Teig-Gemischs in das heiße Öl. Drücken Sie die Mischung leicht flach, um die typische Pufferform zu erhalten.

4 Braten Sie die Puffer auf jeder Seite für etwa 3 bis 4 Minuten oder bis sie goldbraun und knusprig sind. Nehmen Sie die Puffer aus dem Öl und lassen Sie sie auf Küchenpapier abtropfen, um überschüssiges Öl zu entfernen.

5 Servieren Sie die Ukoy-Puffer mit einem Dip aus Essig und gehacktem Knoblauch oder einer süßsauren Soße.

SIZZLING TOFU |

SCHARFER TOFU AUF HEIẞER PLATTE

4 Port.

25 Min.

Leicht

Zutaten

400 g fester Tofu, in Würfel geschnitten
3 EL Pflanzenöl
1 große Zwiebel, in Würfel geschnitten
2 Knoblauchzehen, fein gehackt
2 grüne Chilis, entkernt und fein gehackt
3 EL Sojasoße
Saft von 1 Limette
1 EL Mayonnaise
1 Ei, geschlagen
Frühlingszwiebeln zum Garnieren

Nährwerte p. P.

300 kcal
10 g Kohlenhydrate
22 g Fett
18 g Eiweiß

1 Erhitzen Sie das Öl in einer großen Pfanne oder auf einer heißen Platte. Braten Sie den Tofu an, bis er auf allen Seiten goldbraun und knusprig ist.

2 Fügen Sie Knoblauch, Zwiebel und grüne Chilis hinzu. Braten Sie alles, bis die Zwiebeln glasig und die Aromen freigesetzt sind.

3 Gießen Sie Sojasoße und Limettensaft über den Tofu und lassen Sie alles kurz aufkochen, damit die Flüssigkeit etwas reduziert und der Tofu die Aromen aufnimmt.

4 Verrühren Sie die Mayonnaise mit dem geschlagenen Ei und gießen Sie die Mischung über den heißen Tofu. Lassen Sie das Ei stocken und verbinden Sie es leicht mit den anderen Zutaten.

5 Servieren Sie den Sizzling Tofu sofort, garniert mit frisch geschnittenen Frühlingszwiebeln.

TORTANG GULAY |

EMÜSE-OMELETT

4 Port.

30 Min.

Leicht

Zutaten

4 Eier
100 g grüne Bohnen, in kleine Stücke geschnitten
1 mittelgroße Karotte, fein gewürfelt
1 rote Paprika, in kleine Würfel geschnitten
1 kleine Zwiebel, fein gehackt
2 Knoblauchzehen, fein gehackt
Salz und Pfeffer nach Geschmack
2 EL Pflanzenöl

Nährwerte p. P.

180 kcal
12 g Kohlenhydrate
10 g Fett
8 g Eiweiß

1 Erhitzen Sie das Öl in einer großen Pfanne über mittlerer Hitze. Sautieren Sie Zwiebel und Knoblauch, bis sie weich und duftend sind.

2 Fügen Sie die Karotten, grünen Bohnen und Paprika hinzu. Braten Sie das Gemüse, bis es weich ist, etwa 5 Minuten.

3 In einer Schüssel die Eier schlagen und mit Salz und Pfeffer würzen. Gießen Sie die Eier über das Gemüse in der Pfanne, stellen Sie sicher, dass das Gemüse gleichmäßig von den Eiern bedeckt ist.

4 Lassen Sie das Omelett bei niedriger Hitze garen, bis die Eier gestockt sind, etwa 7 bis 8 Minuten. Falls gewünscht, können Sie das Omelett wenden, um beide Seiten zu bräunen.

5 Servieren Sie das Gemüse-Omelett garniert nach Wunsch mit frischen Kräutern oder einem Klecks Joghurt.

Vegane Hauptgerichte

PINAKBET |

GEMÜSEPFANNE MIT FERMENTIERTER SOJABOHNENPASTE

4 Port.

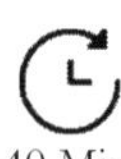
40 Min.

Leicht

Zutaten

200 g Kürbis, in Würfel geschnitten
100 g Aubergine, in Würfel geschnitten
100 g Okraschoten, Enden entfernt
100 g grüne Bohnen, Enden entfernt und halbiert
1 große Zwiebel, grob gehackt
2 Knoblauchzehen, fein gehackt
2 Tomaten, gewürfelt
1 EL fermentierte Sojabohnenpaste (Miso)
2 EL Pflanzenöl
500 ml Wasser
Salz und Pfeffer nach Geschmack

Nährwerte p. P.

150 kcal
20 g Kohlenhydrate
7 g Fett
5 g Eiweiß

1 Erhitzen Sie das Öl in einem großen Topf oder einer tiefen Pfanne. Braten Sie Zwiebel und Knoblauch an, bis die Zwiebel weich wird.

2 Fügen Sie die Tomaten hinzu und kochen Sie sie, bis sie weich sind und beginnen, sich aufzulösen.

3 Rühren Sie die Sojabohnenpaste ein und geben Sie dann Kürbis, Aubergine, Okraschoten und grüne Bohnen dazu. Gut umrühren, damit alles mit der Paste bedeckt ist.

4 Gießen Sie das Wasser ein und bringen Sie das Ganze zum Kochen. Reduzieren Sie die Hitze und lassen Sie das Gemüse bei niedriger Temperatur 20 bis 25 Minuten köcheln, bis alles weich und die Flüssigkeit etwas reduziert ist.

5 Schmecken Sie das Gericht mit Salz und Pfeffer ab.

GINATAANG KALABASA AT SITAW |

KÜRBIS UND BOHNEN IN KOKOSMILCH

4 Port. 30 Min. Leicht

Zutaten

300 g Kürbis, geschält und in Würfel geschnitten
200 g grüne Bohnen, geputzt und in 5 cm lange Stücke geschnitten
400 ml Kokosmilch
1 Zwiebel, fein gewürfelt
2 Knoblauchzehen, fein gehackt
2 EL Pflanzenöl
Salz und Pfeffer zum Abschmecken

1 Erhitzen Sie das Öl in einem großen Topf auf mittlerer Stufe. Sautieren Sie Zwiebel und Knoblauch, bis sie transparent und aromatisch sind.

2 Geben Sie die Kürbiswürfel und grünen Bohnen hinzu, lassen Sie sie einige Minuten anschwitzen, bis sie anfangen, weich zu werden.

3 Übergießen Sie das Gemüse mit Kokosmilch und vermengen Sie alles gründlich. Lassen Sie die Mischung aufkochen, bevor Sie die Hitze herunterschalten und das Gemüse sanft weich köcheln lassen, etwa 20 Minuten.

4 Würzen Sie abschließend nach Ihrem Geschmack mit Salz und frisch gemahlenem Pfeffer.

Nährwerte p. P.

220 kcal
28 g Kohlenhydrate
12 g Fett
5 g Eiweiß

GINISANG MONGGO |

MUNGBOHNEN-EINTOPF MIT SPINAT UND TOMATEN

4 Port.

55 Min.

Mittel

Zutaten

200 g Mungbohnen, über Nacht eingeweicht und abgespült
200 g frischer Spinat, gründlich gewaschen
2 große Tomaten, gewürfelt
1 Zwiebel, fein gewürfelt
2 Knoblauchzehen, fein gehackt
1 Liter Gemüsebrühe
2 EL Pflanzenöl
Salz und Pfeffer zum Abschmecken

Nährwerte p. P.

190 kcal
30 g Kohlenhydrate
3 g Fett
12 g Eiweiß

1 Erwärmen Sie das Öl in einem großen Topf über mittlerer Hitze. Geben Sie Zwiebel und Knoblauch hinein und braten Sie sie, bis sie weich und durchsichtig sind.

2 Fügen Sie die Tomaten hinzu und kochen Sie weiter, bis sie zerfallen und eine saftige Soße bilden.

3 Geben Sie die eingeweichten Mungbohnen und die Gemüsebrühe in den Topf. Erhöhen Sie die Hitze, um die Mischung zum Kochen zu bringen, dann reduzieren Sie die Hitze und lassen Sie die Bohnen 35 bis 40 Minuten köcheln, bis sie weich sind.

4 Rühren Sie den frischen Spinat unter und kochen Sie weiter, bis der Spinat welk geworden ist, etwa 3 bis 5 Minuten.

5 Schmecken Sie den Eintopf mit Salz und frisch gemahlenem Pfeffer ab.

GINATAANG LANGKA |

JUNGE JACKFRUCHT GEKOCHT IN KOKOSMILCH

4 Port.

45 Min.

Leicht

Zutaten

500 g junge Jackfrucht, frisch oder aus der Dose, in Stücke geschnitten
400 ml Kokosmilch
1 Zwiebel, in dünne Scheiben geschnitten
2 Knoblauchzehen, fein gehackt
1 kleiner Ingwer, julienne geschnitten
2 grüne Chilis, längs halbiert (optional für Schärfe)
1 TL Kurkuma
Salz nach Geschmack
2 EL Pflanzenöl

Nährwerte p. P.

210 kcal
35 g Kohlenhydrate
10 g Fett
2 g Eiweiß

1 Erhitzen Sie das Öl in einem tiefen Topf bei mittlerer Hitze. Sautieren Sie die Zwiebelscheiben, Knoblauch und Ingwer, bis die Zwiebeln weich und leicht glasig sind.

2 Streuen Sie Kurkuma ein und rühren Sie gut um, um die Gewürze gleichmäßig zu verteilen.

3 Fügen Sie die Jackfruchtstücke hinzu und rühren Sie alles zusammen, sodass die Jackfrucht von den Gewürzen bedeckt wird.

4 Gießen Sie die Kokosmilch dazu und fügen Sie die grünen Chilis hinzu. Lassen Sie die Mischung aufkochen, dann reduzieren Sie die Hitze und lassen alles etwa 30 Minuten köcheln, bis die Jackfrucht weich und die Kokosmilch eingedickt ist.

5 Schmecken Sie mit Salz ab und passen Sie die Würze je nach Vorliebe an.

LUMPIANG SARIWA |

FRISCHE FRÜHLINGSROLLEN MIT GEMÜSE UND TOFU

4 Port.

45 Min.

Mittel

Zutaten

4 Frühlingsrollen-Wraps (frisch oder aus dem asiatischen Lebensmittelgeschäft)
200 g fester Tofu, in kleine Würfel geschnitten
100 g grüner Kopfsalat, fein geschnitten
1 große Karotte, julienne geschnitten
100 g grüne Bohnen, blanchiert und in feine Streifen geschnitten
100 g Bambussprossen, abgespült und fein geschnitten
2 EL Pflanzenöl
2 Knoblauchzehen, fein gehackt
1 Zwiebel, fein gewürfelt

Für die Soße:
2 EL Erdnussbutter
1 EL Sojasoße
2 TL brauner Zucker
100 ml Wasser
1 Knoblauchzehe, fein gehackt
Salz nach Geschmack

Nährwerte p. P.

150 kcal
20 g Kohlenhydrate
5 g Fett
8 g Eiweiß

1 Erhitzen Sie das Öl in einer Pfanne und braten Sie den Tofu an, bis er auf allen Seiten goldbraun ist. Nehmen Sie den Tofu aus der Pfanne und legen Sie ihn beiseite.

2 In derselben Pfanne geben Sie Zwiebel und Knoblauch hinzu und dünsten sie, bis sie weich sind.

3 Fügen Sie Karotten, grüne Bohnen und Bambussprossen hinzu und braten Sie sie einige Minuten an, bis sie leicht weich, aber noch knackig sind. Nehmen Sie das Gemüse vom Herd und lassen Sie es etwas abkühlen.

4 Bereiten Sie die Soße vor, indem Sie in einem kleinen Topf Erdnussbutter, Sojasoße, braunen Zucker, Wasser und Knoblauch mischen. Erwärmen Sie die Mischung bei mittlerer Hitze, rühren Sie stetig, bis alles gut vermischt und die Soße leicht eingedickt ist. Passen Sie die Salzigkeit mit Salz an.

5 Legen Sie die Frühlingsrollen-Wraps auf eine saubere Oberfläche. Verteilen Sie den Salat, dann das angebratene Gemüse und den Tofu gleichmäßig auf den Wraps.

6 Rollen Sie die Wraps fest ein, falten Sie die Seiten nach innen, um das Gemüse zu sichern. Servieren Sie die Lumpiang Sariwa sofort, begleitet von der warmen Erdnusssoße.

LAING |

TARO-BLÄTTER IN KOKOSMILCH

4 Port.

1 Std.

Mittel

Zutaten

500 g Taro-Blätter, frisch oder getrocknet, gründlich gewaschen und grob gehackt
400 ml Kokosmilch
200 ml Kokoscreme
2 große Zwiebeln, fein gewürfelt
5 Knoblauchzehen, fein gehackt
1 daumengroßes Stück Ingwer, fein gehackt
2 grüne Chilis, entkernt und in Streifen geschnitten
1 TL Chiliflocken (optional für zusätzliche Schärfe)
1 EL Pflanzenöl
Salz nach Geschmack

Nährwerte p. P.

180 kcal
15 g Kohlenhydrate
14 g Fett
3 g Eiweiß

1 Erwärmen Sie das Öl in einem großen Topf bei mittlerer Hitze. Sautieren Sie Zwiebel, Knoblauch und Ingwer, bis sie glasig und aromatisch sind.

2 Fügen Sie die Taro-Blätter, grüne Chilis und Chiliflocken hinzu, rühren Sie um und lassen Sie die Blätter etwa 5 Minuten lang zusammenfallen.

3 Gießen Sie die Kokosmilch und Kokoscreme über die Blätter. Rühren Sie gut um, damit sich alles verbindet. Bringen Sie die Mischung zum Kochen.

4 Reduzieren Sie die Hitze und lassen Sie das Laing unter gelegentlichem Rühren etwa 30 bis 40 Minuten köcheln, bis die Blätter weich sind und die Soße dick und cremig wird.

5 Passen Sie den Geschmack mit Salz an und rühren Sie nochmals um.

TOFU SISIG |

GEWÜRZTER TOFU, TRADITIONELL ALS SISIG ZUBEREITET

 4 Port.  35 Min.  Mittel

Zutaten

400 g fester Tofu, in kleine Würfel geschnitten
2 EL Sojasoße
1 EL Limettensaft
1 EL Pflanzenöl
3 Knoblauchzehen, fein gehackt
1 große Zwiebel, gewürfelt
2 grüne Chilis, fein gehackt
1 rote Chili, fein gehackt
Frisch gemahlener schwarzer Pfeffer

Optional:
1 TL vegane Mayonnaise

Nährwerte p. P.

220 kcal
10 g Kohlenhydrate
15 g Fett
18 g Eiweiß

1 Erhitzen Sie das Öl in einer Pfanne auf mittlerer Stufe. Braten Sie den Tofu an, bis er rundum goldbraun und knusprig ist.

2 Fügen Sie Knoblauch, Zwiebeln und Chilis hinzu und braten Sie diese, bis die Zwiebeln weich und leicht karamellisiert sind.

3 Geben Sie Sojasoße und Limettensaft in die Pfanne und mischen Sie alles gründlich, damit die Flüssigkeit den Tofu überzieht und die Aromen sich entfalten können.

4 Lassen Sie die Mischung einige Minuten köcheln, rühren Sie gelegentlich um, bis die meiste Flüssigkeit absorbiert und die Mischung intensiv gewürzt ist.

5 Schmecken Sie mit schwarzem Pfeffer ab und rühren Sie bei Bedarf eine kleine Menge vegane Mayonnaise unter, um eine cremigere Textur zu erreichen.

GINATAANG MAIS |

MAIS GEKOCHT IN KOKOSMILCH

4 Port.

25 Min.

Leicht

Zutaten

300 g Maiskörner aus der Dose, abgetropft
400 ml Kokosmilch
60 g süßes Reismehl
40 g Zucker
1 Prise Salz

Nährwerte p. P.

250 kcal
45 g Kohlenhydrate
8 g Fett
3 g Eiweiß

1 Erhitzen Sie die Kokosmilch in einem mittelgroßen Topf bei mittlerer Hitze bis zum leichten Köcheln.

2 Streuen Sie das süße Reismehl ein und rühren Sie kontinuierlich, bis es sich vollständig auflöst und die Mischung zu verdicken beginnt.

3 Geben Sie die abgetropften Maiskörner aus der Dose hinzu. Mischen Sie gründlich, um sicherzustellen, dass der Mais gleichmäßig in der Kokosmilch verteilt ist.

4 Fügen Sie Zucker und 1 Prise Salz hinzu, rühren Sie um und lassen Sie die Mischung weiterköcheln. Halten Sie die Hitze auf einem Niveau, dass die Kokosmilch sanft blubbert und der Mais durch die Hitze vollständig erhitzt wird, etwa 10 bis 15 Minuten.

Fingerfood & Snacks

LUMPIA |

PHILIPPINISCHE FRÜHLINGSROLLEN

 4 Port.

 45 Min.

 Mittel

Zutaten

250 g Hackfleisch (Schwein oder Huhn)
100 g Karotten, fein gerieben
50 g Zwiebel, fein gewürfelt
2 Knoblauchzehen, fein gehackt
2 EL Sojasoße
1 EL Sesamöl
1 TL Zucker
Salz und Pfeffer nach Geschmack
12 Frühlingsrollen-Wraps
Pflanzenöl zum Frittieren

Nährwerte p. P.

180 kcal
15 g Kohlenhydrate
10 g Fett
12 g Eiweiß

1 Erhitzen Sie das Sesamöl in einer Pfanne und sautieren Sie Knoblauch und Zwiebeln, bis sie transparent sind.

2 Fügen Sie das Hackfleisch hinzu und braten Sie es, bis es vollständig gekocht und krümelig ist.

3 Geben Sie die geriebenen Karotten, Sojasoße, Zucker sowie Salz und Pfeffer dazu. Lassen Sie alles kurz aufkochen, bis die Flüssigkeit etwas reduziert ist. Nehmen Sie die Pfanne vom Herd und lassen Sie die Füllung abkühlen.

4 Verteilen Sie die Füllung gleichmäßig auf den Frühlingsrollen-Wraps. Rollen Sie jeden Wrap fest ein und versiegeln Sie die Enden mit etwas Wasser.

5 Erhitzen Sie eine ausreichende Menge Pflanzenöl in einer tiefen Pfanne. Frittieren Sie die Frühlingsrollen in kleinen Chargen, bis sie goldbraun und knusprig sind, etwa 3 bis 4 Minuten pro Seite.

6 Legen Sie die fertigen Frühlingsrollen auf Küchenpapier, um überschüssiges Öl abtropfen zu lassen.

7 Servieren Sie die Lumpiang Shanghai mit einer süßsauren Soße oder einer Chilisoße zum Eintauchen.

TURON |

SÜẞE BANANENROLLEN

4 Port.

30 Min.

Leicht

Zutaten

4 reife Bananen
4 Scheiben Jackfrucht (optional)
8 Frühlingsrollen-Wraps
100 g brauner Zucker
Pflanzenöl zum Frittieren

Nährwerte p. P.

260 kcal
40 g Kohlenhydrate
10 g Fett
2 g Eiweiß

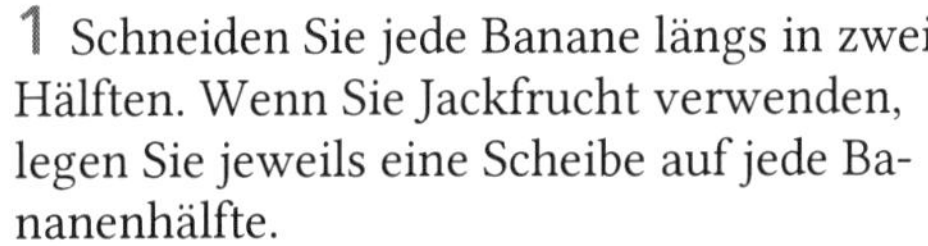

1 Schneiden Sie jede Banane längs in zwei Hälften. Wenn Sie Jackfrucht verwenden, legen Sie jeweils eine Scheibe auf jede Bananenhälfte.

2 Streuen Sie auf jeden Frühlingsrollen-Wrap etwas braunen Zucker. Platzieren Sie eine halbe Banane (mit oder ohne Jackfrucht) am Rand des Wraps.

3 Rollen Sie den Wrap fest um die Banane, falten Sie die Seiten ein, um die Füllung zu sichern, und rollen Sie weiter bis zum Ende. Verwenden Sie ein wenig Wasser, um das Ende des Wraps zu versiegeln.

4 Erhitzen Sie ausreichend Öl in einer tiefen Pfanne. Das Öl ist heiß genug, wenn ein kleines Stück Teig sofort zischt und aufsteigt.

5 Frittieren Sie die Turon, bis sie gleichmäßig goldbraun und knusprig sind, was etwa 3 bis 4 Minuten pro Seite dauern sollte.

6 Nehmen Sie die Turon aus dem Öl und lassen Sie sie auf Küchenpapier abtropfen, um überschüssiges Fett zu entfernen.

KWEK-KWEK |

FRITTIERTE WACHTELEIER

4 Port.

25 Min.

Leicht

Zutaten

12 Wachteleier, hart gekocht und geschält
100 g Mehl
2 EL Maisstärke
1 TL Backpulver
½ TL Salz
½ TL gemahlener schwarzer Pfeffer
¼ TL Kurkumapulver für die Farbe
150 ml kaltes Wasser
Pflanzenöl zum Frittieren

Nährwerte p. P.

180 kcal
10 g Kohlenhydrate
12 g Fett
10 g Eiweiß

1 Vermischen Sie Mehl, Maisstärke, Backpulver, Salz, Pfeffer und Kurkuma in einer Schüssel. Fügen Sie langsam das kalte Wasser hinzu und rühren Sie um, bis ein glatter Teig entsteht.

2 Erhitzen Sie ausreichend Öl in einem tiefen Topf oder einer Fritteuse auf mittlere Temperatur.

3 Tauchen Sie jedes gekochte Wachtelei in den Teig, stellen Sie sicher, dass es vollständig bedeckt ist.

4 Legen Sie die umhüllten Eier vorsichtig ins heiße Öl. Frittieren Sie die Eier, bis der Teig fest und goldbraun ist, etwa 3 bis 4 Minuten.

5 Entnehmen Sie die frittierten Eier mit einem Schaumlöffel und lassen Sie sie auf Küchenpapier abtropfen, um überschüssiges Öl zu entfernen.

6 Servieren Sie die Kwek-Kwek mit einer Auswahl an Dips wie Essigsoße oder einer süß-scharfen Chilisoße.

PUTO |

GEDÄMPFTE REISKUCHEN

4 Port.

50 Min.

Mittel

Zutaten

200 g Reismehl
50 g Zucker
1 TL Backpulver
¼ TL Salz
200 ml Kokosmilch
50 ml Wasser
Frisch geriebene Kokosnuss zum Servieren

Optional:
Einige Tropfen Lebensmittelfarbe

Nährwerte p. P.

130 kcal
25 g Kohlenhydrate
2 g Fett
3 g Eiweiß

1 Vermischen Sie in einer großen Schüssel das Reismehl, Zucker, Backpulver und Salz. Rühren Sie Kokosmilch und Wasser ein, bis ein glatter Teig entsteht. Wenn Sie möchten, teilen Sie den Teig in verschiedene Portionen und fügen Sie Lebensmittelfarbe für bunte Kuchen hinzu.

2 Bereiten Sie Ihren Dampfgarer vor, indem Sie Wasser zum Kochen bringen. Fetten Sie Ihre Puto-Förmchen leicht ein oder verwenden Sie kleine Muffinförmchen.

3 Füllen Sie den Teig in die vorbereiteten Förmchen. Stellen Sie sicher, dass Sie die Förmchen nur zu etwa zwei Dritteln füllen, da die Kuchen beim Dämpfen aufgehen.

4 Setzen Sie die gefüllten Förmchen in den Dampfgarer. Decken Sie den Dampfgarer ab und dämpfen Sie die Puto für etwa 20 bis 25 Minuten, bis sie aufgegangen und fest sind.

5 Nehmen Sie die gedämpften Reiskuchen aus dem Dampfgarer und lassen Sie sie einige Minuten abkühlen, bevor Sie sie aus den Förmchen nehmen.

6 Servieren Sie die Puto warm oder bei Raumtemperatur, bestreut mit frisch geriebener Kokosnuss.

EMPANADA |

PHILIPPINISCHE TEIGTASCHEN

4 Port.

1 Std.

Mittel

Zutaten

Für den Teig:
300 g Mehl
100 g kalte Butter, gewürfelt
1 Ei
½ TL Salz
60 ml kaltes Wasser

Für die Füllung:
200 g Hackfleisch (Schwein oder Rind)
1 mittelgroße Kartoffel, gewürfelt und vorgekocht
1 Karotte, gewürfelt und vorgekocht
1 kleine Zwiebel, fein gehackt
2 Knoblauchzehen, fein gehackt
50 g Rosinen (optional)
Salz und Pfeffer nach Geschmack
Pflanzenöl zum Frittieren
Etwas Öl zum Anbraten

Nährwerte p. P.

320 kcal
35 g Kohlenhydrate
18 g Fett
12 g Eiweiß

1 Bereiten Sie den Teig vor, indem Sie Mehl und Salz in einer Schüssel vermischen. Arbeiten Sie die Butter mit den Fingerspitzen ein, bis die Mischung krümelig wird. Schlagen Sie das Ei und mischen Sie es zusammen mit dem kalten Wasser unter, bis ein formbarer Teig entsteht. Formen Sie eine Kugel, wickeln Sie sie in Frischhaltefolie und lassen Sie sie mindestens 30 Minuten im Kühlschrank ruhen.

2 Für die Füllung erhitzen Sie etwas Öl in einer Pfanne und braten die Zwiebel und den Knoblauch an, bis sie weich sind. Fügen Sie das Hackfleisch hinzu und braten Sie es, bis es vollständig gekocht ist. Geben Sie die vorgekochten Kartoffel- und Karottenwürfel sowie die Rosinen hinzu und würzen Sie die Mischung mit Salz und Pfeffer. Lassen Sie die Füllung abkühlen.

3 Heizen Sie Ihren Ofen auf 200 °C (Ober-/Unterhitze) vor, falls Sie die Empanadas backen möchten. Alternativ können Sie Öl in einem tiefen Topf erhitzen, wenn Sie sie frittieren möchten.

4 Rollen Sie den Teig auf einer leicht bemehlten Fläche aus und schneiden Sie Kreise aus (ca. 12 cm Durchmesser). Geben Sie etwas Füllung auf eine Hälfte jedes Kreises. Klappen Sie den Teig über die Füllung, um einen Halbmond zu formen, und drücken Sie die Ränder mit einer Gabel fest zusammen, um sie zu versiegeln.

5 Backen Sie die Empanadas für etwa 20 bis 25 Minuten im Ofen oder frittieren Sie sie, bis sie golden und knusprig sind, etwa 3 bis 4 Minuten pro Seite.

FISH BALLS |

FISCHBÄLLCHEN

4 Port.

45 Min.

Mittel

Zutaten

500 g Weißfischfilet, fein gehackt oder durch einen Fleischwolf gedreht
1 Eiweiß
2 EL Maisstärke
1 TL Salz
½ TL frisch gemahlener schwarzer Pfeffer
2 Frühlingszwiebeln, fein gehackt
Pflanzenöl zum Frittieren

Für die Dips:
Süße Chilisoße
Essig-Dip
Süß-scharfe Soße

Nährwerte p. P.

200 kcal
25 g Kohlenhydrate
7 g Fett
15 g Eiweiß

1 Zerhacken Sie das Fischfilet weiter, bis es eine pastenartige Konsistenz erreicht. Verbinden Sie die Fischmasse in einer Schüssel mit Eiweiß, Maisstärke, Salz und Pfeffer. Arbeiten Sie die Mischung gut durch, bis alles gleichmäßig vermischt ist und die Masse klebrig wird.

2 Mischen Sie die gehackten Frühlingszwiebeln unter die Fischpaste.

3 Erhitzen Sie ausreichend Öl in einem tiefen Topf oder einer Fritteuse auf mittlere Temperatur.

4 Formen Sie mit angefeuchteten Händen kleine Bällchen aus der Fischpaste. Tauchen Sie jedes Bällchen vorsichtig ins heiße Öl.

5 Frittieren Sie die Fischbällchen in Chargen, bis sie gleichmäßig goldbraun und schwimmend sind, was etwa 3 bis 4 Minuten dauert.

6 Nehmen Sie die Fischbällchen mit einem Schaumlöffel aus dem Öl und lassen Sie sie auf Küchenpapier abtropfen.

7 Servieren Sie die Fish Balls heiß und bieten Sie die verschiedenen Dips zur Auswahl an.

Desserts

HALO-HALO |

GEMISCHTES EIS

4 Port.

15 Min.

Leicht

Zutaten

500 g zerkleinertes Eis
100 g gesüßte rote Bohnen
100 g Ube (Yamswurzelpaste), gekocht und in Würfel geschnitten
100 g gesüßte Jackfrucht, in Streifen geschnitten
100 g junge Kokosstreifen
100 g Gelee (verschiedene Farben), in Würfel geschnitten
100 g Sago-Perlen (gekochte Tapiokaperlen)
100 g gezuckerte Bananenstücke
4 Kugeln Ube-Eiscreme oder Vanilleeis
250 ml Kokosmilch oder Kondensmilch

Nährwerte p. P.

320 kcal
60 g Kohlenhydrate
8 g Fett
5 g Eiweiß

1 Füllen Sie große Gläser oder Schüsseln zur Hälfte mit zerkleinertem Eis.

2 Verteilen Sie gleichmäßig die gesüßten roten Bohnen, Ube-Würfel, Jackfruchtstreifen, Kokosstreifen, Gelee-Würfel, Sago-Perlen und Bananenstücke über das Eis.

3 Gießen Sie Kokosmilch oder Kondensmilch über die Zutaten in jedem Glas.

4 Kronen Sie jedes Glas mit einer Kugel Ube-Eiscreme oder Vanilleeis.

BIBINGKA | KOKOSNUSS-REISKUCHEN

4 Port.

45 Min.

Mittel

Zutaten

200 g Reismehl
50 g Zucker
1 TL Backpulver
1 Prise Salz
400 ml Kokosmilch
2 Eier
2 Bananenblätter, gereinigt und für die Form zurechtgeschnitten
Für das Topping:
1 Salzei, in Scheiben geschnitten
Frisch geriebene Kokosnuss

Nährwerte p. P.

290 kcal
40 g Kohlenhydrate
12 g Fett
5 g Eiweiß

1 Heizen Sie den Backofen auf 200 °C (Ober-/Unterhitze) vor.

2 In einer großen Schüssel kombinieren Sie Reismehl, Zucker, Backpulver und Salz. Schlagen Sie die Eier auf und fügen Sie sie zusammen mit der Kokosmilch zur Trockenmischung hinzu. Rühren Sie alles zu einem glatten Teig.

3 Bereiten Sie eine runde Backform vor, indem Sie die Bananenblätter hineinlegen, sodass der Boden und die Seiten vollständig bedeckt sind. Gießen Sie den Teig in die vorbereitete Form.

4 Backen Sie den Kuchen für etwa 25 bis 30 Minuten im vorgeheizten Ofen, bis die Oberfläche fest ist und ein hineingesteckter Zahnstocher sauber herauskommt.

5 Nehmen Sie den Kuchen aus dem Ofen und lassen Sie ihn kurz abkühlen. Belegen Sie den warmen Bibingka dann mit Scheiben von einem Salzei und bestreuen Sie ihn mit frisch geriebener Kokosnuss.

SUMAN |

GEDÄMPFTER KLEBREIS

 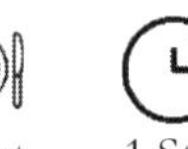 

4 Port. 1 Std. Mittel

Zutaten

300 g Klebreis, über Nacht in Wasser eingeweicht
½ TL Salz
200 ml Kokosmilch
Bananenblätter zum Einwickeln
Kokoskaramellsoße oder Zucker zum Servieren

Nährwerte p. P.

220 kcal
50 g Kohlenhydrate
0 g Fett
4 g Eiweiß

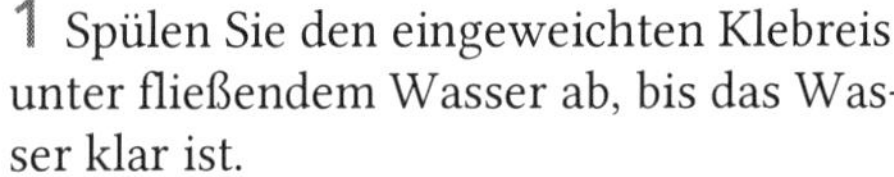

1 Spülen Sie den eingeweichten Klebreis unter fließendem Wasser ab, bis das Wasser klar ist.

2 Mischen Sie den Klebreis in einer Schüssel mit Salz und Kokosmilch, bis alles gut kombiniert ist.

3 Schneiden Sie die Bananenblätter in etwa 20 cm große Quadrate und erhitzen Sie sie kurz über offener Flamme oder in einer trockenen Pfanne, um sie geschmeidig zu machen.

4 Verteilen Sie eine gleichmäßige Menge Reismischung auf die Mitte jedes Bananenblattquadrats. Falten Sie die Blätter, um den Reis vollständig zu umhüllen, und formen Sie sie zu festen Päckchen.

5 Bereiten Sie einen Dämpfer vor und legen Sie die Suman-Päckchen hinein. Dämpfen Sie die Päckchen bei mittlerer Hitze für etwa 45 Minuten.

6 Entnehmen Sie die gedämpften Suman aus dem Dämpfer und lassen Sie sie etwas abkühlen.

7 Servieren Sie die Suman warm oder bei Raumtemperatur, begleitet von Kokoskaramellsoße oder bestreut mit Zucker nach Geschmack.

SAPIN-SAPIN |

GESCHICHTETER REISKUCHEN

6 Port.

1,5 Std.

Schwer

Zutaten

400 g Klebreismehl
800 ml Kokosmilch
300 g Zucker
½ TL Salz
200 g Ube (Yamswurzelpaste), fertig gekauft oder selbst zubereitet
100 g Jackfrucht, püriert
Lebensmittelfarbe (optional für intensivere Farben)
Frisch geriebene Kokosnuss zum Servieren

Nährwerte p. P.

350 kcal
55 g Kohlenhydrate
10 g Fett
5 g Eiweiß

1 Kombinieren Sie Klebreismehl, Kokosmilch, Zucker und Salz in einer großen Schüssel. Rühren Sie um, bis alles gut vermischt ist und eine homogene Masse entsteht.

2 Teilen Sie die Masse in drei gleiche Teile. Mischen Sie in den ersten Teil die Ube-Paste und geben Sie gegebenenfalls etwas lila Lebensmittelfarbe hinzu, um die Farbe zu intensivieren. In den zweiten Teil mischen Sie das Jackfruchtpüree und optional gelbe Lebensmittelfarbe. Lassen Sie den dritten Teil natur oder färben Sie ihn mit einer weiteren Farbe Ihrer Wahl.

3 Bereiten Sie eine runde Backform vor, indem Sie sie leicht einfetten und mit Backpapier auslegen. Beginnen Sie mit der Ube-Schicht: Gießen Sie die Ube-Masse in die Form und glätten Sie die Oberfläche.

4 Dämpfen Sie die erste Schicht für etwa 20 Minuten oder bis sie fest ist. Fügen Sie dann vorsichtig die zweite Schicht (Jackfrucht) hinzu und dämpfen Sie weiter für weitere 20 Minuten. Abschließend fügen Sie die dritte Schicht hinzu und dämpfen alles zusammen noch einmal 30 Minuten, bis der Kuchen fest und durchgegart ist.

5 Lassen Sie den Kuchen in der Form abkühlen, bevor Sie ihn stürzen. Schneiden Sie ihn in Stücke und servieren Sie ihn mit frisch geriebener Kokosnuss.

LECHE FLAN |

PHILIPPINISCHER KARAMELLPUDDING

6 Port. 1,5 Std. Mittel

Zutaten

150 g Zucker für den Karamell
10 Eigelbe
400 ml Kondensmilch
400 ml verdünnte Milch (oder leichte Sahne)
1 TL Vanilleextrakt

Nährwerte p. P.

320 kcal
45 g Kohlenhydrate
10 g Fett
8 g Eiweiß

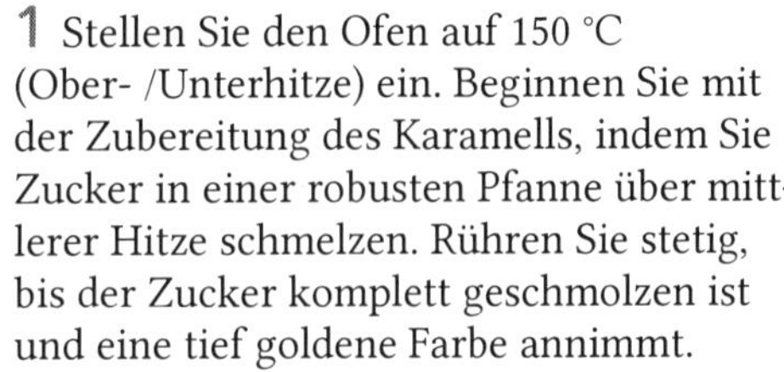

1 Stellen Sie den Ofen auf 150 °C (Ober- /Unterhitze) ein. Beginnen Sie mit der Zubereitung des Karamells, indem Sie Zucker in einer robusten Pfanne über mittlerer Hitze schmelzen. Rühren Sie stetig, bis der Zucker komplett geschmolzen ist und eine tief goldene Farbe annimmt.

2 Verteilen Sie den flüssigen Karamell gleichmäßig auf dem Boden einer runden Backform (ca. 22 cm Durchmesser), schwenken Sie diese, um eine gleichmäßige Schicht zu erzeugen, und lassen Sie ihn dann erstarren.

3 Für die Creme verrühren Sie die Eigelbe leicht in einer Schüssel. Fügen Sie Kondensmilch, verdünnte Milch und Vanilleextrakt hinzu und rühren Sie alles zu einer glatten Flüssigkeit.

4 Filtern Sie die Eiermilch durch ein feinmaschiges Sieb. Gießen Sie die Creme behutsam auf den erkalteten Karamell. Setzen Sie die Form in ein tiefes Backblech. Füllen Sie das Blech mit heißem Wasser, bis es die Form zur Hälfte erreicht, um ein Wasserbad zu schaffen.

5 Garen Sie den Leche Flan im Wasserbad für etwa 50 bis 60 Minuten, bis er fest ist und ein eingeführter Zahnstocher sauber herauskommt.

6 Lassen Sie den Pudding abkühlen, bevor Sie ihn für mindestens 4 Stunden in den Kühlschrank stellen. Stürzen Sie den Leche Flan vorsichtig auf eine Servierplatte, sodass der Karamell herausfließt.

PICHI-PICHI |

GESTAMPFTE MANIOKKUCHEN

6 Port.

1 Std.

Mittel

Zutaten

500 g Maniok, frisch gerieben
200 g Zucker
250 ml Wasser
Frisch geriebene Kokosnuss zum Servieren

Optional:
geriebener Käse zum Bestreuen

Nährwerte p. P.

200 kcal
50 g Kohlenhydrate
1 g Fett
1 g Eiweiß

1 Mischen Sie in einer großen Schüssel den frisch geriebenen Maniok mit Zucker und Wasser, bis alles gut kombiniert ist.

2 Gießen Sie die Mischung in kleine, mit Öl ausgepinselte Schälchen oder spezielle Pichi-Pichi-Förmchen.

3 Dämpfen Sie die gefüllten Förmchen über kochendem Wasser in einem Dampfgarer für etwa 40 Minuten, bis die Masse fest und durchsichtig wird.

4 Lassen Sie die gedämpften Kuchen etwas abkühlen, bevor Sie sie aus den Förmchen nehmen.

5 Wälzen Sie die Pichi-Pichi in frisch geriebener Kokosnuss und, falls gewünscht, bestreuen Sie sie mit etwas geriebenem Käse.

Getränke

CALAMANSI JUICE |

CALAMANSI-SAFT

4 Port.

10 Min.

Leicht

Zutaten

120 ml Calamansi-Saft, frisch gepresst
750 ml Wasser
50 g Zucker, oder nach Geschmack anpassen

Nährwerte p. P.

60 kcal
16 g Kohlenhydrate
0 g Fett
1 g Eiweiß

1 Pressen Sie die Calamansi-Früchte aus, bis Sie 120 ml Saft erhalten. Dies entspricht etwa 40 bis 50 Früchten, abhängig von ihrer Größe und Saftigkeit.

2 Geben Sie den frisch gepressten Calamansi-Saft in einen großen Krug. Fügen Sie das Wasser hinzu und verrühren Sie beide Flüssigkeiten gründlich.

3 Lösen Sie den Zucker im Calamansi-Wasser-Gemisch auf, indem Sie kräftig umrühren, bis keine Zuckerkristalle mehr sichtbar sind. Passen Sie die Menge des Zuckers nach Ihrem Geschmack an, je nachdem, ob Sie ein süßeres oder säuerlicheres Getränk bevorzugen.

4 Für eine sofortige Erfrischung können Sie den Saft direkt über Eiswürfel in Gläser füllen und servieren. Alternativ stellen Sie den Saft für etwa 1 Stunde in den Kühlschrank, um ihn gut gekühlt zu servieren.

BUKO JUICE | KOKOSNUSSWASSER

4 Port.

15 Min.

Leicht

Zutaten

4 junge Kokosnüsse

Nährwerte p. P.

45 kcal
11 g Kohlenhydrate
0 g Fett
1 g Eiweiß

1 Öffnen Sie die Spitze jeder jungen Kokosnuss vorsichtig mit einem scharfen Messer oder einem speziellen Kokosnussöffner, um das Kokosnusswasser zugänglich zu machen.

2 Entleeren Sie das Wasser aus den Kokosnüssen in einen großen Krug. Achten Sie darauf, dass keine Kokosnussfasern ins Wasser gelangen.

3 Schaben Sie das junge, weiche Kokosnussfleisch aus den Schalen mit einem Löffel oder einem Kokosnuss-Schaber heraus.

4 Schneiden Sie das gesammelte Kokosnussfleisch in kleine Stücke und fügen Sie diese dem Kokosnusswasser im Krug hinzu.

5 Rühren Sie das Wasser und das Kokosnussfleisch um, damit sich die Aromen verbinden. Sie können das Buko Juice sofort servieren oder für 1 Stunde in den Kühlschrank stellen, um es zusätzlich zu kühlen.

SAGO AT GULAMAN | TAPIOKA- UND GELATINE-DRINK

4 Port.

30 Min.

Leicht

Zutaten

100 g Tapiokaperlen
100 g Gelatine, in Würfel geschnitten
100 g brauner Zucker
1 Liter Wasser
2 EL Zitronensaf

Nährwerte p. P.

180 kcal
44 g Kohlenhydrate
0 g Fett
0 g Eiweiß

1 Kochen Sie die Tapiokaperlen gemäß den Anweisungen auf der Verpackung, bis sie durchsichtig und weich sind. Spülen Sie sie anschließend unter kaltem Wasser ab und lassen Sie sie abtropfen.

2 Bereiten Sie die Gelatine vor, indem Sie sie in Wasser einweichen, erhitzen und in Würfelformen gießen, bis sie fest wird. Schneiden Sie die erstarrte Gelatine in kleine Würfel.

3 Lösen Sie den braunen Zucker in 1 Liter Wasser in einem großen Topf auf. Erhitzen Sie die Mischung leicht, bis der Zucker vollständig aufgelöst ist.

4 Fügen Sie die gekochten Tapiokaperlen und Gelatinewürfel zum gesüßten Wasser hinzu.

5 Geben Sie den Zitronensaft in die Mischung und rühren Sie gut um.

6 Kühlen Sie den Drink vor dem Servieren im Kühlschrank. Geben Sie das Getränk in Gläser und fügen Sie nach Belieben Eis hinzu.

MANGO SHAKE |

MANGOSHAKE

 4 Port.  10 Min.  Leicht

Zutaten

3 reife Mangos, geschält, entkernt und in Stücke geschnitten
500 ml Milch oder für eine süßere Variante 250 ml Milch und 250 ml Kondensmilch
Eiswürfel nach Bedarf

Optional:
1 EL Honig oder Zucker zum Süßen

Nährwerte p. P.

230 kcal
50 g Kohlenhydrate
2 g Fett
3 g Eiweiß

1 Geben Sie die Mangostücke in einen Mixer. Fügen Sie die Milch und bei Bedarf Kondensmilch hinzu. Für eine zusätzliche Süße können Sie Honig oder Zucker beifügen.

2 Füllen Sie den Mixer mit einer ausreichenden Menge Eiswürfeln, um die gewünschte Konsistenz zu erreichen. Mixen Sie alle Zutaten auf hoher Stufe, bis die Mischung glatt und cremig ist.

3 Probieren Sie den Shake und passen Sie die Süße nach Bedarf an.

4 Servieren Sie den Mango-Shake sofort in großen Gläsern, idealerweise gekühlt, um die volle Frische der Mango zu genießen.

BARAKO COFFEE |
BARAKO-KAFFEE

4 Port.

15 Min.

Leicht

Zutaten

30 g gemahlene Barako-Kaffeebohnen
600 ml heißes Wasser

Optional:
Zucker oder Milch nach Geschmack

Nährwerte p. P.

2 kcal
0 g Kohlenhydrate
0 g Fett
0 g Eiweiß

1 Messen Sie die gemahlenen Barako-Kaffeebohnen ab und geben Sie sie in einen Kaffeefilter oder eine French Press.

2 Übergießen Sie den Kaffee mit 600 ml heißem Wasser. Achten Sie darauf, dass das Wasser kurz vor dem Siedepunkt steht, um die Aromen optimal zu extrahieren.

3 Lassen Sie den Kaffee je nach bevorzugter Methode 4 bis 5 Minuten ziehen. Bei Verwendung einer French Press drücken Sie anschließend den Kolben langsam herunter.

4 Servieren Sie den Barako-Kaffee in vorgewärmten Tassen. Fügen Sie nach Belieben Zucker oder Milch hinzu.

GUYABANO JUICE |
GUYABANO-SAFT

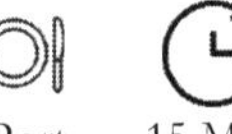

4 Port. 15 Min. Leicht

Zutaten

1 reife Guyabano (Sauersack), ungefähr 1 kg
1 Liter Wasser
50 g Zucker oder Honig, je nach Geschmack
Saft von 1 Limette

Nährwerte p. P.

120 kcal
30 g Kohlenhydrate
0 g Fett
2 g Eiweiß

1 Schälen Sie die Guyabano vorsichtig und entfernen Sie das Fruchtfleisch von den harten Samen. Achten Sie darauf, nur das weiße, saftige Fruchtfleisch zu verwenden.

2 Geben Sie das Fruchtfleisch der Guyabano zusammen mit Wasser in einen Mixer. Mixen Sie die Zutaten, bis eine gleichmäßige Flüssigkeit entsteht.

3 Seihen Sie die Mischung durch ein feines Sieb in einen großen Krug, um alle festen Bestandteile zu entfernen.

4 Fügen Sie Zucker oder Honig hinzu und rühren Sie um, bis das Süßungsmittel vollständig aufgelöst ist.

5 Pressen Sie den Saft einer Limette hinein und rühren Sie erneut, um alles gut zu vermischen.

6 Stellen Sie den Saft für mindestens 1 Stunde in den Kühlschrank oder servieren Sie sofort mit Eiswürfeln für zusätzliche Erfrischung.

Soßen, Cremes & Dips

MANG TOMAS ALL-PURPOSE SAUCE |

MANG TOMAS UNIVERSALSOẞE

5 Port. 20 Min. Leicht

Zutaten

200 ml Wasser
100 g brauner Zucker
50 ml Apfelessig
2 EL Sojasoße
1 EL Maisstärke
½ TL gemahlener Pfeffer
¼ TL Salz
2 Knoblauchzehen, fein gehackt
100 g Leberpaste oder fein pürierte Hühnerleber

Nährwerte p. P.

120 kcal
30 g Kohlenhydrate
0 g Fett
1 g Eiweiß

1 Vermischen Sie Wasser, braunen Zucker, Apfelessig und Sojasoße in einem mittelgroßen Topf. Erwärmen Sie die Mischung bei mittlerer Hitze, bis der Zucker vollständig aufgelöst ist.

2 Fügen Sie gemahlenen Pfeffer, Salz und gehackten Knoblauch hinzu. Lassen Sie die Mischung leicht köcheln.

3 Verrühren Sie die Maisstärke mit ein wenig kaltem Wasser in einer kleinen Schale, um eine glatte Paste zu bilden. Geben Sie diese Paste in die kochende Soße, um sie zu verdicken. Rühren Sie stetig, um Klumpenbildung zu vermeiden.

4 Integrieren Sie die Leberpaste in die Soße und rühren Sie kontinuierlich, bis die Soße eine gleichmäßig dicke Konsistenz erreicht.

5 Lassen Sie die Soße einige Minuten sanft köcheln, bis sie die gewünschte Dicke erreicht hat. Probieren Sie die Soße und passen Sie die Würze bei Bedarf an.

SINAMAK |
PHILIPPINISCHER ESSIGDIP

2 Port.

3 Tage

Leicht

Zutaten

500 ml weißer oder Apfelessig
10 Knoblauchzehen, geschält und leicht angedrückt
5 rote Chilischoten, ganz oder halbiert, je nach gewünschter Schärfe
2 cm frischer Ingwer, geschält und in Scheiben geschnitten
1 TL schwarze Pfefferkörner

Optional:
1 TL Salz für zusätzliche Würze

Nährwerte p. P.

5 kcal
1 g Kohlenhydrate
0 g Fett
0 g Eiweiß

1 Geben Sie den Essig in ein sauberes, verschließbares Glas.

2 Fügen Sie die angedrückten Knoblauchzehen, roten Chilischoten, Ingwerscheiben und schwarzen Pfefferkörner hinzu. Wenn Sie möchten, können Sie auch Salz hinzufügen, um die Geschmacksintensität zu verstärken.

3 Verschließen Sie das Glas fest und schütteln Sie es leicht, um die Zutaten zu mischen und den Essig mit den Aromen anzureichern.

4 Lagern Sie das Glas an einem kühlen, dunklen Ort und lassen Sie den Dip mindestens 3 Tage ziehen, damit die Aromen sich vollständig entfalten können. Je länger Sie den Dip ziehen lassen, desto intensiver wird der Geschmack.

5 Rühren oder schütteln Sie das Glas täglich, um die Zutaten im Essig gleichmäßig zu verteilen.

6 Servieren Sie den Sinamak als würzigen Dip zu Meeresfrüchten, gegrilltem Fleisch oder verwenden Sie ihn, um Salatdressings eine pikante Note zu verleihen.

BAGOONG ALAMANG |

GARNELENPASTE

2 Port.V

Mehrere Tage

Schwer

Zutaten

500 g frische kleine Garnelen
250 g grobes Salz

Optional:
1 TL Zucker zur Geschmacksbalance

Nährwerte p. P.

35 kcal
0 g Kohlenhydrate
2 g Fett
5 g Eiweiß

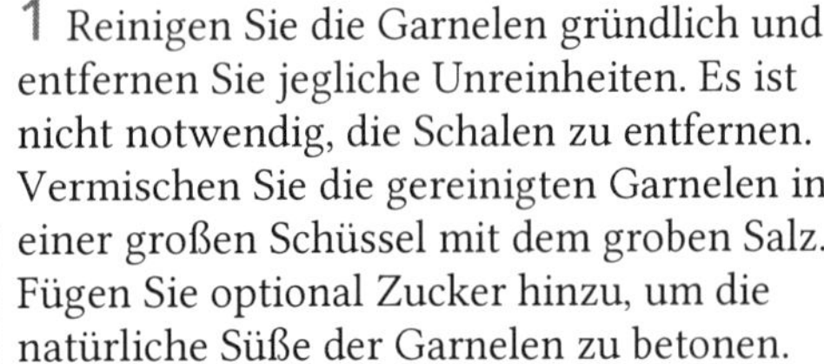

1 Reinigen Sie die Garnelen gründlich und entfernen Sie jegliche Unreinheiten. Es ist nicht notwendig, die Schalen zu entfernen. Vermischen Sie die gereinigten Garnelen in einer großen Schüssel mit dem groben Salz. Fügen Sie optional Zucker hinzu, um die natürliche Süße der Garnelen zu betonen.

2 Übertragen Sie die Salz-Garnelen-Mischung in ein sauberes, luftdicht verschließbares Gefäß. Stellen Sie sicher, dass die Garnelen vollständig mit Salz bedeckt sind, um eine ordnungsgemäße Fermentation zu gewährleisten.

3 Verschließen Sie das Gefäß fest und lagern Sie es an einem kühlen, dunklen Ort. Lassen Sie die Mischung mindestens 1 Monat lang fermentieren, um die Garnelen vollständig zu fermentieren und in Paste zu verwandeln.

4 Rühren Sie die Mischung alle paar Tage um, um sicherzustellen, dass die Garnelen gleichmäßig fermentieren und keine unerwünschten Bakterien wachsen. Nach der Fermentation öffnen Sie das Gefäß und prüfen die Konsistenz der Paste. Sie sollte eine gleichmäßige, streichfähige Textur haben und reich an Umami-Geschmack sein.

5 Die fertige Bagoong Alamang kann als Geschmacksverstärker in verschiedenen Gerichten verwendet werden, von traditionellen philippinischen Eintöpfen bis hin zu modernen Fusion-Kreationen. Bewahren Sie die Paste im Kühlschrank auf, um ihre Haltbarkeit zu verlängern.

LATIK SAUCE |

KOKOS-KARAMELLSOẞE

2 Port.

20 Min.

Leicht

Zutaten

500 ml Kokosmilch

Nährwerte p. P.

130 kcal
15 g Kohlenhydrate
8 g Fett
1 g Eiweiß

1 Gießen Sie die Kokosmilch in einen mittelgroßen Topf und erhitzen Sie diese bei mittlerer Hitze.

2 Lassen Sie die Kokosmilch köcheln, bis sie beginnt, sich zu reduzieren und einzudicken. Rühren Sie kontinuierlich, um ein Anbrennen am Boden des Topfes zu verhindern.

3 Beobachten Sie die Farbveränderung der Milch, die von Weiß zu einem tiefen Golden übergeht. Dieser Prozess sollte etwa 15 bis 20 Minuten dauern.

4 Sobald die Kokosmilch zu einer dicken, karamellfarbenen Soße reduziert ist und sich süße, nussige Aromen entwickelt haben, nehmen Sie den Topf vom Herd.

5 Die Latik-Soße ist jetzt bereit zum Servieren. Verwenden Sie sie heiß oder lassen Sie sie abkühlen, bevor Sie sie über traditionelle philippinische Desserts wie Bibingka träufeln.

TOYOMANSI |

SOJASOẞE MIT CALAMANSI

2 Port.

5 Min.

Leicht

Zutaten

120 ml Sojasoße
60 ml frisch gepresster Calamansi-Saft

Optional:
1 Teelöffel Honig oder Zucker, falls eine süßere Soße bevorzugt wird

Nährwerte p. P.

10 kcal
2 g Kohlenhydrate
0 g Fett
1 g Eiweiß

1 Messen Sie die Sojasoße ab und gießen Sie sie in eine kleine Schüssel.

2 Pressen Sie die Calamansi-Früchte aus, bis Sie den benötigten Saft erhalten, und sieben Sie den Saft, um Kerne und größere Fruchtfleischstücke zu entfernen.

3 Vermischen Sie den Calamansi-Saft sorgfältig mit der Sojasoße. Um die Aromen zu balancieren, können Sie bei Bedarf Honig oder Zucker hinzufügen.

4 Rühren Sie die Mischung gut um, bis alle Zutaten vollständig integriert sind.

5 Verwenden Sie die Toyomansi sofort oder bewahren Sie sie in einem verschließbaren Gefäß im Kühlschrank auf. Vor Gebrauch gut schütteln.

6 Toyomansi wird häufig als Dip für gegrilltes Fleisch oder Fisch verwendet.